APPRENDRE
À VIVRE

APPRENDRE À VIVRE

Une Aventure Spirituelle

GIL TRIGO

Trafford rev. 12/01/2011

 www.trafford.com

North America & international
toll-free: 1 888 232 4444 (USA & Canada)
phone: 250 383 6864 ♦ fax: 812 355 4082

À tous ceux et celles qui sont prêts à laisser leur plein potentiel s'exprimer librement dans leur vie.

«L'Homme réussit si bien à se faire si mal, pourquoi ne
réussirait-il pas si bien à se faire si bien?"

Gérard Fortier

«De par votre "vous"—mental et spirituel—vous pouvez
vous rendre aussi joyeux ou aussi misérable que vous le
voulez. A quel point désirez-vous être misérable?»

Edgar Cayce, Lecture 2995-3

Il est préférable d'allumer une chandelle plutôt que de maudire l'obscurité
On ne peut pas régler un problème en se plaçant au niveau du problème

Propos attribués à Leonardo Da Vinci

Développez vos sens; Étudiez l'art de la science; Étudiez la science de l'art
Réalisez que, d'une certaine manière, tout est interconnecté
La créativité, de par sa nature, implique de s'éloigner de la «norme»; le «normal» est
ce à quoi votre pensée s'est accoutumée

TABLE DES MATIÈRES

AVANT-PROPOS 11

INTRODUCTION 17

CHAPITRE 1. LA PENSÉE, UN OUTIL À REDÉCOUVRIR 21

    Qu'est-il advenu du message d'amour de Jésus 24

CHAPITRE 2. ÉVOLUTION ET NIVEAUX DE CONSCIENCE 32

    Signification dans notre vie 34

    Où en sommes-nous dans notre évolution............................34

    Les niveaux de conscience...39

    Principe de vie..40

    Le calendrier 48

CHAPITRE 3. LA CRÉATIVITÉ DE LA PENSÉE SPIRITUELLE 50

    Comment utilisons-nous notre pensée..................................54

    Qu'est-ce que l'imagination...59

    Penser spirituellement 63

    Pourquoi est-il si difficile de penser spirituellement..............69

    Comment apprendre à penser spirituellement......................71

    Je suis là 82

CHAPITRE 4. VIVRE L'EXPÉRIENCE SPIRITUELLE...................83

    Comment vivre l'expérience spirituelle 89

    Le don matériel 92

    Le don physique (don de soi) 94

Mais qu'est-ce que l'amour...96

La valeur de sourire 98

Le don psychologique 102

Pratiquer la vie spirituelle 103

Le régime mental 104

Il faut que tu naisses de nouveau 111

CHAPITRE 5.   LE BONHEUR PAR LA PRIÈRE SCIENTIFIQUE.....115

La prière scientifique 118

L'application de la Loi..122

Les ouvriers de la vigne 122

La parabole des pièces d'or...123

La parabole des méchants vignerons..123

La Loi en action et le karma 128

Vos désirs 130

Le rôle de la foi dans la prière scientifique 135

La prière scientifique (acceptation-formulation des désirs).....137

Il ne faut jamais revenir sur notre demande 143

Notre Père: 152

Psaume 23 de David..157

CHAPITRE 6. LA RÉCOMPENSE—LA VIE 160

POST-FACE: DE L'HYPNOSE À LA RÉALITÉ 170

POST-SCRIPTUM 173

Notes personnelles..175

AVANT-PROPOS

LE LIVRE QUE VOUS VOUS APPRÊTEZ À LIRE A ÉTÉ ÉCRIT EN 1985 et, pour toutes sortes de bonnes ou mauvaises raisons, est demeuré au fond d'un tiroir jusqu'à aujourd'hui. Une relecture du livre révèle son caractère universel et intemporel bien que certains exemples datent clairement des années 80'. Ces exemples, surtout présents en début du livre peuvent signifier bien peu pour les jeunes lecteurs et rappeler des souvenirs—du bon vieux temps—pour les moins jeunes. J'aurais pu changer ces exemples et les remplacer par des éléments plus contemporains mais je crois que cela aurait dénaturé l'intention qui existait lors de la rédaction il y a maintenant près de 30 ans. Ces éléments n'étaient pas d'une époque révolue mais ils étaient le tissu duquel provenaient les expériences de la vie d'alors.

Comme dans la vie courante il nous faut sans cesse faire des choix, j'ai donc décidé de ne pas retoucher le livre mais, suite à la suggestion de bons amis, j'ai opté pour un avant-propos de mise en situation et pour une postface de mise à jour.

Commençons d'abord par une considération générale de la spiritualité, de la science et de la réflexion personnelle (qui est le droit intrinsèque de penser par nous-même au cœur d'un univers fait principalement de mimétisme où, malgré la croyance populaire, la créativité n'a pas lieu de cité). Aujourd'hui, comme il y a 30 ans, les gens acceptent d'utiliser des termes, des mots, des expressions qu'ils comprennent peu ou pas du tout. Pourtant l'expérience leur démontre régulièrement que cette attitude est source d'incompréhensions, de conflits et de relations malheureuses. Malgré cela les gens n'apprennent pas ou si peu.

Ainsi en est-il de la spiritualité. On entend souvent dire qu'une personne est spirituelle. Qu'entends-t-on par là? Qu'elle a de l'esprit? Qu'elle fait de profondes réflexions? Qu'elle est une «bonne» personne?

Qu'elle est de pratique religieuse? Qu'elle est religieuse? Qu'elle vit selon des croyances précises et profondes? . . . Chacun de nous a, bien entendu, une certaine définition du terme mais cette définition est rarement certaine!

Depuis ma plus tendre enfance j'ai toujours été intéressé par la science en général et par le raisonnement scientifique en particulier. Les écrits de Sir Francis Bacon m'ont toujours fasciné mais j'étais particulièrement intrigué par le fait que la science avait une étrange façon d'avancer dans les découvertes et la compréhension de notre monde. En fait, tout ce que l'on ne pouvait pas démontrer «scientifiquement»—méthode d'analyse et de démonstration ayant une certaine rigueur—n'existait pas ou était tout simplement erroné. Longtemps nous avons cru que la Terre était «plate» et que le soleil tournait autour de la Terre. C'était la vérité acceptée par «tout le monde» ou presque. Puis un jour quelques «aventuriers scientifiques», souvent au péril de leur vie—au risque d'être brûlés sur le bûcher—avancent de nouveaux principes qui remettent en question les dites vérités et, après une guerre souvent sans Mercie avec «d'establishment» scientifique du temps, réussissent à établir de nouveaux standards scientifiques, de nouvelles vérités. Je trouvais, et je continue de trouver, agaçant cette manière d'avoir raison à priori même en sachant que les vérités d'aujourd'hui seront, au mieux, les demi-vérités de demain.

Évidemment il y avait des domaines complètement tabous. La vie, la création, l'évolution des espèces ou la mort sont des sujets que l'on n'aborde que sur la pointe des pieds et encore le fait-on avec beaucoup de retenue. Eh puis il y a eu tous les phénomènes dits paranormaux que tous un jour nous avons plus ou moins expérimentés. Ces phénomènes me semblaient si réels qu'il fallait être «aveugle» ou ignorant pour prétendre qu'ils n'existaient pas. Le pire de tout c'est que l'on repoussait du revers de la main l'existence de phénomènes qui, de par leur définition même, ne se prêtent pas ou se prêtent peu aux outils d'investigation scientifique.

Au début des années 60's, non seulement y avait-il une révolution technologique, mais il y avait également, au Québec, un rejet ou une remise en question de la pratique religieuse et de la religion institutionnelle. Parallèlement à ce sujet il y avait une montée d'intérêt pour tout ce qui était «paranormal», «mystique» ou «mystérieux». Plusieurs théories d'approche à la vie ont été élaborées, présentées, essayées et . . . délaissées. Avec cette profusion de «solutions», trop souvent loufoques, les gens ont perdu leurs repères. Plusieurs se sont laisser-aller dans le plaisir des sens sous toutes ses formes et tous les artifices étaient utilisés. Comme le disaient certaines personnes, «l'alcool, la drogue et le sexe» étaient au cœur de cette révolution des sens, du sens et de l'Essentiel Humain. Nombreux sont ceux qui se sont perdus dans ces méandres.

Avec la venue de la technologie informatique, les communications, sous de nombreuses formes et par divers médiums, ont fait leur apparition. Elles devaient révolutionner notre vie et c'est bien ce qu'elles ont fait. La surdose d'information tout azimut, loin de rapprocher les gens, les a éloignés. Les gens ne se sont jamais sentis aussi seuls. Évidemment dans l'espoir de se retrouver, de se ressourcer, les gens se sont retournés vers les religions, ont quelques fois créé «leur religion» ou se sont tournés vers la science et les technologies.

Malgré leurs différences, les dogmes des uns et des autres se ressemblent étrangement.

Puis il y a eu un schisme entre les univers de la science, du paranormal et de la religion. Au lieu de devenir complémentaires dans un ultime effort pour comprendre, maîtriser et faire bon usage de notre environnement, ils sont devenus sectaires et mutuellement exclusifs.

Je n'ai jamais été en mesure de m'abandonner totalement à la science puisqu'elle a le don de se contredire et surtout de nous laisser croire que «cette fois-ci elle a vraiment raison». «Tout ce qui ne peux pas être démontré scientifiquement n'existe pas»—phrase si chère à certains—devient réellement un irritant puisque sa seule existence est paradoxale. Du côté de la religion ce n'est guère mieux puisque le «crois ou meurt» est devenu également exclusif. Les croyances religieuses sont devenues des «certitudes» et l'Amour est souvent devenu source de haine, d'exclusion et d'expatriation. Les pratiques religieuses n'étaient pas à un paradoxe près! Qu'en est-il alors du mysticisme qui se répand alors comme une traînée de poudre? Eh bien le nombre de charlatans, de vendeurs d'illusions, dépasse largement le nombre de chercheurs sérieux de LA VÉRITÉ. Oui, Oui, c'est bien de la Vérité Universelle dont il est question. Chacun de ces groupes, à sa manière, essaie de trouver «LA» Vérité—dans la technologie le Saint Graal, la fontaine de jouvence, l'élixir de plénitude et j'en passe.

Au beau milieu de cette révolution culturelle seul l'Homme a été oublié. «La» réponse ne se trouve plus en nous. Elle se trouve dans la technologie, dans les avancées scientifiques ou dans les assemblées religieuses. La société en général, et les gens en particulier, ont tacitement accepté que l'Homme prenne le second rôle dans les grands enjeux de la vie. Bien entendu il ne peut y avoir un second rôle sans premier rôle mais quel est-il?

Ce nouvel élément, par définition extérieur à l'Homme, s'appelle divertissements, loisirs, excitations . . . Cet élément c'est en fait tout ce qui empêchera l'humain que nous sommes de se prendre en main et de revenir à l'essentiel de sa nature. Ainsi, graduellement, nous ne savons plus qui nous sommes et nous ne sommes plus capables de nous définir autrement que par ce que nous avons, possédons ou croyons aimer. La mode de ce temps en est un bel exemple. Avec un minimum de recul, la plupart d'entre nous se demandent comment nous avons pu oser porter de «telles choses»! La seule réponse que nous ayons c'est que c'était la mode. Sans le savoir nous admettons que nous subissions les impositions de quelques individus ou entreprises sans nous débattre et encore moins nous révolter. Nous étions dans une sorte d'euphorie collective, une forme de monde ou de société aseptisée en ayant l'impression que nous faisions partie d'une grande révolution devant nécessairement nous mener vers l'âge d'or (pas le troisième âge!) des civilisations. Nous appelions ça la société des loisirs. Moins de travail et plus de plaisir . . . Aujourd'hui il est bien évident que la fameuse révolution n'a pas vraiment fonctionné et que les loisirs nous ont coûté très cher. Qu'à cela ne tienne, nous trouverons bien une autre façon d'y arriver à ce fameux Âge d'Or.

La téléphonie cellulaire, les activités extrêmes, la gratification instantanée . . . ont remplacé la tentative passée de révolutionner notre façon de vivre . . . mais c'est toujours aux dépends de notre humanité, de la création de liens profonds entre nous. Le travail, loin de diminuer, prend de plus en plus de temps et, pour faire toutes les «choses» qu'il nous «faut absolument faire», nous courrons d'un endroit à l'autre, d'une activité à l'autre. En fait, nous évitons surtout de nous retrouver, SEULS, avec nous-même, seuls avec nos pensées intimes, seuls avec nos peurs et nos espoirs. Pourtant, il devrait maintenant être clair que ce qui nous vient de l'extérieur, que ce qui est acquis physiquement, ne réussira jamais à nous combler. Dès qu'une chose nous appartient elle perd graduellement de son attrait et nous revoilà repartis à la recherche de la prochaine chose qui, elle, saura nous satisfaire, nous combler.

Si nous regardons cependant au fond, au plus profond de notre être, nous remarquerons que nous sommes prêts à laisser-aller bien des «choses-babioles» pour avoir la paix, la sainte paix, comme dit l'adage, la paix intérieure comme le disent les vrais mystiques.

Ce petit livre vise justement à vous amener sur des sentiers qui vous permettront de revenir à l'essentiel : vous avec vous-même et vous avec les vôtres. Revenir à l'essentiel vous apportera une joie de vivre, un «Plaisir de Vivre» qui n'est plus basé sur «d'externe» mais qui vous permet quand même d'utiliser toutes les babioles auxquelles vous aspirez tant et qui maintenant vous sont données par surcroît. La différence majeure avec le passé, plus ou moins proche ou lointain, c'est que c'est vous qui les utilisez pour votre bien-être et qu'elles ne vous possèdent plus. Devant un téléviseur ou face à un téléphone cellulaire vous saurez qu'en tout temps, sans culpabilité ni remords, vous pouvez vous libérer de cette laisse qui vous empêche de dévier du chemin que d'autres vous ont imposé.

Comme me disait récemment une amie, le titre «Le Plaisir d'Apprendre à Vivre» ne représente pas le contenu, l'approche spirituelle du livre. Il est vrai qu'il existe une multitude de façons d'apprendre à vivre. Les nombreuses émissions télévisées sur la cuisine, ou la mise en forme, ne sont qu'un exemple de façons d'aborder la vie. Pour cette raison, et surtout pour ne pas induire le lecteur en erreur, j'ai rajouté en complément de titre «Une Aventure Spirituelle». Cette aventure spirituelle ce sera la vôtre si vous acceptez de me suivre dans une démarche qui vous ramènera à l'essentiel de l'être humain dans ses relations avec soi, avec les autres et avec son environnement.

Tout au long du livre vous retrouverez bon nombre de références à la Bible et tout particulièrement au Nouveau Testament. Ces références aux paraboles nous permettent d'illustrer simplement, et dans des termes universels, des propos qui autrement peuvent se révéler très complexes. Prêcher par paraboles c'est, avant tout, utiliser des allégories ou des métaphores pour gentiment amener le lecteur à faire sa propre réflexion sur des sujets qui sont à priori difficiles à cerner et à comprendre.

Je fais référence à Jésus, dit le Christ, et à son enseignement parce que j'ai été élevé dans un environnement chrétien (catholique) mais j'aurais aussi bien pu utiliser tout autre enseignement religieux «légitime» (il y a plusieurs enseignements et dogmes dans notre société en général et malheureusement plusieurs d'entre-eux sont le fruit de charlatans alors que plusieurs approches religieuses sérieuses sont laissées de côté). Malgré ces références à un enseignement religieux, l'approche de ce livre se veut avant tout une démarche scientifique, flanquée d'une bonne dose d'empirisme, où rien n'est mis de côté même si la science actuelle n'est pas en mesure d'infirmer ou de confirmer la réalité des phénomènes présentés.

Si avoir la foi c'est être certain de ce que l'on espère, et croire en la réalité de ce que l'on ne voit pas, alors ma démarche, votre démarche, c'est «avoir la certitude qu'une ouverture d'esprit permettant aux valeurs humaines, comme l'Amour, de s'exprimer dans le quotidien» ne peut que nous mener vers une GRANDE AVENTURE PERSONNELLE ET SPIRITUELLE.

Bonne lecture et bonne réflexion personnelle!

INTRODUCTION

D ANS UNE PÉRIODE TROUBLÉE ET INCERTAINE COMME CELLE que nous vivons actuellement, chacun de nous essaie d'accrocher certaines valeurs à sa vie. Tous, nous guettons le moment où une aventure formidable transformera notre vie. Qui d'entre nous n'attend pas le bonheur, la plénitude, la joie ou tout simplement la félicité. Nous sommes prêts à nous impliquer dans diverses actions collectives pour donner un "coup de barre" à droite dans notre vie. À l'heure actuelle, le "Penser Nouveau" envahit le monde. Partout, dans toutes les librairies, on voit apparaître des livres traitant de la transformation de notre vie par le biais d'une meilleure qualité de pensées.

Il y a beaucoup de livres; tous parlent du même sujet mais aucun ne s'exprime ni ne touche de la même façon. Pourquoi en est-il ainsi? La raison est simple: le domaine de la qualité des pensées est avant tout quelque chose d'individualisé. En fait, les personnes expriment ainsi la parcelle de Vérité qu'elles ont perçue et intégrée à leur vie. Elles ont pour ainsi dire trouvé le bonheur par le biais d'un régime mental. Bien entendu, cette parcelle de vérité est différente pour chacun de nous car une expérience n'a pour valeur que celle que l'on sait lui accorder.

Une question vous vient sûrement à l'esprit: pourquoi un nouveau livre? Qu'apporte-t-il de différent et que peut-on en retirer? Ce livre, comme tant d'autres, n'apporte que beaucoup de promesses et bien peu de preuves. Mais quel genre de preuves peut convaincre tous les lecteurs? Tout au long des pages qui suivent, ce livre se veut l'expression d'une foule de sentiments qui se doivent d'être communiqués.

Il s'agit de relater de façon simple et constructive, ce qui me porte à penser que s'offre à nous, depuis toujours et donc plus spécialement aujourd'hui, une Voie vers le bonheur. Cette Voie, comme beaucoup l'ont déjà déclaré, se situe en dedans de nous. Le grand dicton: «connais-toi

toi-même" s'applique toujours aussi justement aujourd'hui que depuis des siècles. L'homme a toujours cherché à expliquer sa présence et ses origines. En fait, il ne peut facilement comprendre les phénomènes de l'existence car il les croit complexes et extérieurs à lui.

Qu'apporte ce livre et comment devez-vous l'aborder? Comme je l'ai mentionné auparavant, les livres actuellement sur le marché donnent beaucoup d'informations sur des sujets plus ou moins centrés sur la pensée positive ou mieux sur la Créativité de la pensée. Certains sont tellement sectionnés que l'on a de la difficulté à voir le Tout; tandis que d'autres sont plus accessibles, plus faciles à lire mais alors il est souvent difficile d'en extraire des idées maîtresses que l'on peut appliquer dans notre vie.

Quoi que nous fassions, nous sommes toujours aux prises avec le dilemme exprimé par la pensée suivante: «lorsque tu regardes le ciel, ne fixe pas ton attention sur les nuages de peur de ne pas voir la beauté du ciel". Devons-nous nous attacher à des événements bien précis dans notre vie ou rechercher l'accomplissement total. De toute façon, tout le monde sera d'accord pour dire que l'accomplissement total passe par une série d'événements ou que le bonheur se compose d'une foule de petites choses.

Comme le montre la table des matières, il s'agit dans ce livre, de faire une synthèse de la majorité des enseignements ou du moins de leurs grandes lignes directrices et d'en tirer une approche méthodologique pouvant nous permettre de distinguer nous aussi, notre "parcelle de Vérité". En plus d'être un bon livre de chevet, il pourra servir à l'étudiant sérieux, désirant poursuivre ses recherches sur la Nature de l'Être. Ce livre est le fruit de plusieurs lectures mais est aussi le résultat de la mise en application des principes qui y sont énoncés. Je m'efforcerai d'être le plus fidèle possible quant aux définitions de certains termes. Dans le domaine qui nous intéresse, il est très facile de sembler diverger d'opinion si l'on ne prend soit d'établir au préalable des règles à suivre pour définir la terminologie à employer.

Il n'existe pas de méthode facile qui nous permette d'accéder au bonheur parfait. Le bonheur dépend d'une multitude de petites choses comme par exemple notre environnement socio-économique, notre caractère, notre échelle de valeurs . . . En outre, il est très difficile d'accepter le fait que l'Univers ne connaît ni le bien ni le mal. Qu'une action puisse sembler correcte pour les uns et mauvaise ou erronée pour les autres est un fait bien réel et fort déroutant. Des termes comme le Bien et le Mal sont des termes que l'on qualifie de relatifs car l'existence de l'un n'est possible que par la reconnaissance de l'autre.

Malgré tout ce que l'on peut dire, nous devons nous résigner au fait que toutes nos activités sont marquées par notre environnement, notre éducation, nos préjugés ou plus simplement par ce que "NOUS PENSONS".

Beaucoup de personnes aiment bien s'entretenir sur des sujets comme par exemple: l'acte posé par un proche ou une connaissance. Combien de fois avons-nous vraiment essayé de nous placer dans la position de celui ou celle que nous critiquons si sévèrement? Qui sommes-nous donc pour pouvoir juger les autres? À ce sujet, Jésus a dit un jour: «tu veux enlever le brin d'herbe qui se trouve sur l'œil de ton prochain mais tu ne vois pas la poutre dans le tien qui t'aveugle". S'il est vrai que nous récoltons ce que nous semons ou qu'il nous est fait comme nous croyons: qu'avons-nous semé et à quoi croyons-nous vraiment?

Quel que soit notre comportement ou notre puissance en société, lorsque nous sommes seuls, livrés à nous-mêmes, nous nous ressemblons tous. Nous ne sommes foncièrement ni bons ni mauvais. Il y a des personnes à qui nous tenons, pour qui nous pourrions faire une multitude de choses et il y a les autres! Les autres que parfois nous haïssons ou envers lesquels nous sommes indifférents. Souvent, après mûre réflexion, nous constatons qu'ils ne nous sont pas si indifférents que ça et que de l'amour à la haine, il n'y a qu'un très petit pas à franchir. N'oublions jamais la phrase célèbre qu'a dit un jour un renard à un petit Prince: «on ne voit bien qu'avec le cœur, l'essentiel est invisible aux yeux".

Puisque nous sommes si semblables et que nous nous croyons si différents, j'espère que tout au long de cet exposé vous vous reconnaîtrez et que vous suivrez la progression que j'essaie moi-même de suivre fidèlement. Vous démontrer que l'altruisme peut être la clé du bonheur, ou plus simplement qu'il vaut mieux partager que de recevoir, ne sera pas une tâche facile. C'est pourtant ce que je me propose de faire.

Comme le dit si bien la pensée d'introduction: «je regarde autour de moi, je vois beaucoup de réalisations magnifiques et je me demande POURQUOI. Lorsque je pense à une vie meilleure que je vis en rêves, je me dis POURQUOI PAS". Rappelez-vous qu'il ne faut jamais s'avouer vaincu avant d'avoir vraiment essayé! Essayer ne suffit pas, il faut croire en la réalisation de ce que l'on espère. Ouvrir son cœur à l'Univers est sans doute la Voie que nous devons suivre si nous voulons vivre une vie plus riche, plus intense et plus spirituelle.

Bonne lecture et surtout n'oubliez pas que vous n'en retirerez que ce que vous y aurez mis. IL VOUS SERA FAIT SELON VOTRE FOI.

Chapitre 1

LA PENSÉE, UN OUTIL
À REDÉCOUVRIR

POUR BEAUCOUP DE PERSONNES, DES NOMS COMME QUIMBY, Murphy, Fox, Holmes, Troward, Goldsmith etc. ne signifient rien. Cependant, pour ceux qui depuis des années ont cherché à donner un sens à leur vie, ils personnifient la volonté de vivre en harmonie. Ces gens, de plus en plus connus, sont les pionniers de la nouvelle vague du Penser Nouveau. Dès le début du siècle présent [20e] et plus précisément à la fin du siècle dernier [19e], des hommes et des femmes ont cherché à redécouvrir l'alliance qui a toujours existé entre eux et la Puissance Universelle que plusieurs appellent Dieu.

Certains d'entre eux ont écrit des livres traduits en plusieurs langues, ont fait de nombreuses conférences publiques et ont créé des "associations" ou encore des "églises". Tout ce déploiement d'efforts n'a pour seul but que de partager la «Bonne Nouvelle». Ces gens ont réussi à prendre contact avec le Christ qui est en eux, qui est, en fait, en chacun de nous. Bien entendu, pour la presque totalité d'entre eux, ils ont été en quelque sorte forcés de rechercher la Puissance. En effet, il semble que peu de personnes, normalement heureuses, acceptent de vivre "Dieu" dans leur vie. Leur évolution doit souvent se faire à partir d'un problème "insurmontable"; du moins le croient-elles. Que ce soient des difficultés financières ou encore une maladie dite incurable ou le besoin de vivre heureux, tout nous pousse à rechercher l'union avec la Source de Vie. J'ai souvent eu l'occasion de dire que nous avons un certain bagage de connaissances à acquérir et que si l'on refuse de comprendre, la vie se chargera de nous le faire comprendre. Il s'agit en quelque sorte de l'énoncé de la Loi de cause à effet.

Tous, un jour, nous nous sommes déjà posé la question concernant notre existence, notre but et nos possibilités. L'homme, depuis toujours, a essayé d'identifier, en laboratoire, sa séquence d'évolution. Toutes les informations qui parviennent à notre pensée se doivent d'être disséquées de façon à en extraire l'énigme qui semble toujours nous éluder. La conséquence de cette situation est assez simple: d'une part, il y a les hommes qui doutent de tout et même d'eux-mêmes et pour qui rien d'extérieur à eux n'existe; et d'autre part, il y a ceux pour qui "une forme de religion" explique tout. Pour ces derniers, tout ce qui est difficile à comprendre se doit d'être expliqué par l'entremise de la religion.

Ont-ils vraiment tort? Qu'est-ce qui distingue l'athée du pratiquant? Je crois que les deux ont partiellement raison car une religion aveugle ne vaut pas mieux qu'un athéisme borné. Dans les deux cas, un manque de souplesse mentale limite toutes les possibilités d'évolution et d'harmonie.

Le Penser Nouveau se situe à la limite de ces deux conceptions de la Vie. L'enseignement du Penser Nouveau insiste sur le fait qu'il ne faut pas chercher la source des problèmes hors de l'homme mais que tout vient de lui. Une telle conception semblerait avantager les athées, mais le Penser Nouveau va plus loin. Tout est possible à l'homme parce qu'il y a en chacun de nous un Christ qui nous guide et nous aide lorsque nous le laissons agir. Cette fois, cette dernière notion ressemble à celle que les pratiquants d'une religion affectionnent mais c'est en plus une manière active de s'en remettre à la Puissance Universelle. Le terme "Penser Nouveau" est erroné car l'enseignement, bien que repris à nouveau, n'a en fait rien de nouveau. Ce ne sont que les notions élaborées il y a bien longtemps par Jésus de Nazareth.

Comment se fait-il que l'on redécouvre son enseignement quelques deux milles ans plus tard? Après la disparition de Jésus de la scène active, les apôtres avaient pour mission de propager la Bonne Nouvelle. Qu'en ont-ils fait?

Tout le monde connaît plus ou moins bien la Bible. La bible est le livre le plus vendu au monde ainsi que celui qui a été traduit en plus de langues. C'est aussi un livre relatant l'histoire d'une civilisation distante de nous par plusieurs siècles mais combien proche par ses agissements. La partie la plus récente de la bible nous la devons à quatre écrivains-historiens qui sont Luc, Marc, Matthieu et Jean. D'une manière bien personnelle, ils nous livrent le message de leur ami Jésus, dit le Christ. Le message est clair mais pourtant peu accessible à la majorité des gens. Pourquoi en est-il ainsi?

Le message de Jésus est véhiculé par le biais de paraboles. Ces dernières ont deux buts bien distincts. Le premier cherche à faire réaliser aux gens l'impact de leur comportement en société, sur cette même société. L'histoire généralement racontée est facile à comprendre et la leçon facile à tirer. Le second but vise à permettre à l'enseignement de se perpétuer dans le temps sans subir de modifications idéologiques et historiques.

L'interprétation des paraboles au sens symbolique nous révèle vraiment leur sens profond et leur raison d'être. Le but de ce livre n'étant pas d'élaborer sur les paraboles, je me contenterai de les énoncer ou d'en faire mention si cela peut aider à accroître la compréhension du sujet.

Lorsque Jésus a quitté les apôtres, et bien qu'ayant reçu le Saint-Esprit, ces derniers demeuraient quand même en évolution. Ils ne comprenaient pas encore totalement ce qui leur arrivait. De façon à bien implanter la doctrine qu'ils propageaient, les Apôtres ont fondé une Église. Cette prise de position est curieuse car si l'on se rappelle bien, Jésus était contre toute forme religieuse structurée. Il disait que s'adonner à une forme de religion était bien en soi mais que cela ne devait pas nuire à l'épanouissement intérieur.

L'idée de base des Apôtres est quand même bonne car la seule façon de répandre une nouvelle, et de regrouper ses adhérents, c'est de former un mouvement. Malgré la qualité de l'idée, la mise en pratique de celle-ci eut moins d'éclat bien que remplie de succès. Au cours des années, l'Église s'est hiérarchisée au point de devenir une structure très lourde mais également très puissante. L'idéologie véhiculée par les Apôtres a vite été reprise par des "hommes" qui ont su l'exploiter à leur profit. Nous pouvons dire que durant la période du Moyen-Âge, l'Église (ou plutôt ses représentants) s'est rendue coupable des pires crimes. L'humanité a alors vécu une période des plus obscures. La «Bonne Nouvelle» s'est transformée en cauchemar. Heureusement, avec les périodes dites de la Renaissance et de la Révolution industrielle, des idées plus libérales ont vu le jour.

Qu'est-il advenu du message d'amour de Jésus

Le message de Jésus, ainsi que son idéologie, étaient gardés précieusement par quelques personnes. Le secret était transmis de bouche à oreille mais il était aussi conservé jalousement dans la bible. De nos jours, grâce à certaines personnes, le message réapparaît dénué de tout sens mystique ou dramatique. Il n'en demeure pas moins que, pour beaucoup de gens, le message est une promesse trop belle pour être vraie. La Bonne Nouvelle, inclue dans le message de Jésus, peut être entendue et acceptée par toutes les Églises du monde car elle les rejoint toutes et ne relève d'aucune d'entre elles. Le message de Jésus est vivant: «je suis venu pour que vous ayez la Vie" . . . et ne peut être le privilège d'aucune institution. Cela est particulièrement vrai pour toutes celles qui se sont lentement ossifiées au cours des ans.

Mais revenons à la bible. Combien de personnes ont lu et relu la bible sans en percer le mystère, sans en comprendre le sens? Ces personnes sont de celles qui s'attachent à la LETTRE et non pas au symbole. Elles lisent ce livre avec leurs yeux, mais non avec le cœur. Des hommes, comme ceux dont il est fait mention au début, ont recherché sans relâche la Vérité. Par des lectures inspirées de la bible, ils ont redécouvert toute la symbolique qui leur permet de faire d'une simple lecture une expérience de Vie. Tous les gens qui veulent étudier sérieusement le message de Jésus doivent, comme eux, lire les passages de la bible avec la réconfortante certitude qu'ils comprennent tout ce qui y est mentionné. L'enseignement est là à notre portée; à nous de nous laisser convaincre, de nous ouvrir à lui. Bien sûr, sauf par révélation divine, il faudra accorder du temps à notre recherche car la Connaissance ne s'introduira en nous que par le lent processus d'osmose. Nous devons nous laisser transpercer par la Vérité, et ce, jusqu'à ce que nous soyons ELLE.

Comment le «Penser-Nouveau» est-il relié à une meilleure qualité de Pensées? Le Penser-Nouveau insiste énormément sur notre implication personnelle face aux événements qui agrémentent notre existence. Dans cette manière de penser, nous sommes les grands responsables de ce qui arrive dans notre vie. En d'autres mots, il nous sera fait selon ce que nous croyons ou pensons; d'où l'idée de cultiver des pensées d'une meilleure qualité. Avant d'aborder ce sujet, et de façon à bien démontrer son importance, j'aimerais m'attarder un peu sur notre manière actuelle de vivre que j'appelle «ÉTAT EXISTENTIEL».

Thomas Troward dans son livre "les mystères de la bible" nous parle de ce qu'il appelle la "Grande Erreur". Que veut-il dire par ces mots et comment sont-ils reliés à l'état existentiel? Comme je le mentionnais auparavant, l'état existentiel est une manière, notre manière, de vivre actuellement. Vivre est un terme fort: exister serait un terme plus juste. Combien de personnes traversent la durée d'une existence sans pouvoir faire autre chose que de se battre pour leur survie ou encore sans se reposer de ne rien faire. Ces gens ne vivent qu'une expérience physique et matérielle qui, de plus, est très pénible ou dénuée de tout sens ou but. Que ces personnes soient riches ou pauvres, elles se contentent de "respecter" le protocole qui convient à leur état socioculturel. Peut-on parler à ces personnes de vie spirituelle, d'un Dieu aimant, d'une puissance Universelle ou encore d'une vie Riche, Prospère et Heureuse?

Il y a beaucoup de chances pour qu'ils ne soient pas très intéressés par ce genre de discussion. La plupart diront que c'est de la philosophie; c'est-à-dire une chose non démontrable qui même si elle l'était ne revêtirait que peu d'importance à leurs yeux et dans leur vie. Pourtant, ce sont toutes ces personnes, du plus pauvre au plus riche, qui devraient le plus s'intéresser à la question. Les uns parce qu'ils ont tout à gagner et les autres parce qu'ils pourraient en avoir beaucoup plus. Bien entendu, le millionnaire n'a pas nécessairement besoin de plus d'argent pour être satisfait mais le bonheur et l'harmonie sont-ils aussi présents chez lui qu'ils devraient l'être?

Cette idée est clairement énoncée dans la parabole des pièces d'or lorsque le Roi parle à ses serviteurs: «je vous le dis, à celui qui a l'on donnera davantage; tandis qu'à celui qui n'a rien on enlèvera même le peu qu'il a". Que nous le voulions ou non, cette notion de Cause à Effet s'applique à tous les domaines de notre existence.

De nos jours, les problèmes locaux et internationaux occupent une grande place dans notre vie. Souvent, même ces problèmes nous préoccupent plus que la bonne marche de notre système familial. Nous savons tous que notre vie peut changer son cours suivant que les relations entre les nations sont bonnes ou mauvaises. On n'a qu'à se rappeler les deux guerres mondiales du début du siècle.

Mais comment peut-on voir ces relations si ce n'est que de façon égoïste. Bien sûr, pour la plupart d'entre nous, tout ce qui nous arrive est dû aux autres et tout ce qui semble nous être défavorable est foncièrement mauvais. Pourtant, les désastres mondiaux comme les guerres et les famines nous affectent moins que l'on ose se l'avouer. En fait, nous sommes satisfaits d'apprendre que si c'est arrivé ailleurs, cela nous sécurise. Ces désastres, le manque d'argent ou encore la soif du pouvoir ne font qu'aigrir notre caractère.

Tout au long de notre vie, à cause du phénomène d'accumulation, nous sommes toujours prêts à exploser au moindre signe d'agression. Mais ne retrouve-t-on pas chez les autres ce que nous avons en aversion! Avez-vous déjà essayé de faire un mauvais parti à quelqu'un qui vous sourit gentiment? Non! Alors quelle est l'image que vous projetez de vous-mêmes?

Très souvent, ce qui nous agace chez les autres c'est leur attitude. Si quelques fois nous la jugeons correcte, le plus souvent elle nous déplaît. Sur quoi nous basons-nous pour porter un tel jugement? Généralement, une action que l'on n'ose poser, mais que l'on voit quelqu'un accomplir, nous met dans tous nos états. Nous sommes fâchés non pas à cause de l'action posée mais à cause de notre propre attitude. Le plus bel exemple de cette situation pourrait s'illustrer comme suit: deux personnes travaillant dans le même magasin aimeraient bien acheter à rabais un article donné. Un jour, une des deux s'en va trouver le gérant et lui demande quel serait le prix de cession de cette pièce unique, pour un employé. Le prix étant fort acceptable, le marché est vite conclu. Lorsque la nouvelle se répand, l'autre employé s'indigne du fait qu'il y ait eu des manigances et que le tout ait été à son détriment.

En est-il vraiment ainsi? La personne qui se sent lésée, s'en veut de ne pas avoir agi comme son compagnon ou mieux de ne pas l'avoir fait avant lui. Cette personne restera avec un goût très amer au sujet de cette transaction mais la faute n'en revient qu'à elle. Son partenaire a pris des moyens honnêtes pour se procurer l'article dont il avait besoin. Il a réussi à accomplir ce qu'il croyait être possible!

Tout, autour de nous, semble ne nous apporter que des versions négatives des événements qui nous concernent. Peu importe que la loi ou la justice se soient appliquées sagement; si c'est à notre détriment, cela est erroné, inconcevable et irréparable! Cette conception de la vie est-elle normale ou doit-on chercher plus loin?

Dans la vie, nous poursuivons tous un but bien précis. Il arrive cependant que ce but soit très mal compris, très mal perçu. À cause de cela, nous cherchons souvent à réaliser plusieurs buts; quelques fois, malheureusement, un trop grand nombre à la fois. La loi du moindre effort pousse sans cesse l'humain à suivre la voie la plus facile pour parvenir à la réalisation du but qu'il s'est fixé. Mais est-ce vraiment le moindre effort?

Une mauvaise conception de l'effort amène l'homme à voir tout ce qui est simple de façon complexe. Pour accéder à certaines réalisations, l'homme est souvent prêt à se compliquer la vie car ce qui est trop simple ne fait pas sérieux ou encore est trop beau pour être vrai. Un sage a dit un jour: «l'homme ne peut facilement comprendre les phénomènes de l'existence car il les croit complexes". Comme à l'habitude, "il nous sera fait selon ce que nous croyons"!

Notre environnement nous habitue tellement à tout compliquer que l'on ne prend même plus le temps de s'arrêter pour se simplifier la vie. Les choses simples sont du passé ou de l'avenir dira-t-on. Nous n'avons pas le temps de nous attarder à des pensées philosophiques, diront d'autres. Mais existe-t-il de plus sûr prisonnier que celui qui croit que la porte de sa cellule est fermée à double tours. Celui-là ne nécessite même pas de gardien. Il ne lui viendra jamais à l'idée de pousser la porte et de s'enfuir au loin. Tout comme ce prisonnier, nous sommes captifs de notre environnement, de notre éducation, de nos préjugés . . . Tout cela nous garde loin de la Vie et notre système socio-économique dicte nos actions. Nous ne prenons plus le temps de vivre car nous vivons pour exister et non pour nous réaliser pleinement. Beaucoup ne découvrent jamais le but de leur existence.

À cause de nos habitudes, nous nous sécurisons faussement en pensant que tout ce qui nous arrive de mal ou de négatif vient de l'extérieur. Tout ce qui est bien n'est cependant dû qu'à nous et n'arrive que par nous. Lorsque tout va de travers, cette façon de voir les choses nous permet assurément de nous complaire dans le malheur.

N'est-il pas "agréable" de pouvoir raconter aux autres nos mésaventures? Se plaindre est beaucoup plus facile que de se prendre en mains; que d'assumer ses responsabilités! Si le Malheur n'existait pas, l'Homme se chargerait de le créer. Cette phrase peut choquer au premier abord mais tous les psychologues vous diront que "le malheur des uns fait le bonheur des autres"!

Les hommes sont conscients qu'un désastre les guette à tout instant. Le malheur, c'est qu'ils ne réalisent pas que le bonheur lui aussi les guette. Ce qui leur arrive ne dépend que d'eux.

Sans dire que l'homme se réjouit des problèmes de son prochain, il n'en demeure pas moins que son instinct de conservation lui répète souvent: *vaut mieux que cela arrive aux autres!* Cet instinct est, en fait, un sentiment d'autoprotection intimement relié à la loi de la survie ou de la conservation de l'espèce. Lorsque l'humain entend parler d'un désastre qui s'est produit à un endroit donné, très loin de chez lui, il est peiné et compatissant pour ceux qui ont été touchés. En même temps, du plus profond de lui-même monte une sensation de sécurité qui lui dit: *pour cette fois tu l'as échappé belle.* Il vaut mieux que ce soit arrivé là-bas! Nombre de personnes me diront que ce n'est pas leur cas. Je suis bien content de l'entendre! Mais avant d'aller plus loin, pensez-y bien et vous verrez qu'il en est bien ainsi. Sans vouloir qu'un désastre se produise, nous sommes tous bien contents de ne pas être sur place.

Je disais que l'homme est dominé par la Grande Erreur. Qu'est-ce donc que cette "erreur"? L'erreur c'est de ne vivre que très superficiellement. Regardons autour de nous et essayons de compter le nombre de personnes qui agissent en relation avec leurs convictions profondes, qui ne traînent pas des slogans bien ancrés dans la société ou encore qui expriment, sans aigreur ni hostilité, leurs opinions au milieu d'un groupe de discussion. Combien en avez-vous compté? Un, deux ou probablement aucun! Pourquoi en est-il ainsi? Vous connaissez sans doute le dicton: «l'habit ne fait pas le moine». Je pense même que tout le monde le connaît. Ce dicton très vieux mais encore d'actualité nous met en garde contre la "Grande Erreur". Il ne faut pas juger selon les apparences. Il ne faut pas juger du tout!

Ce n'est pas d'aujourd'hui que les gens jugent leurs semblables selon leurs habitudes vestimentaires. Il est certain, semblerait-il, qu'une personne habillée "richement" est meilleure à tous les points de vue qu'une personne qui est habillée simplement. N'est-il pas plus facile de donner de l'argent ou même un billet de métro à une personne bien habillée plutôt qu'à une personne bizarrement accoutrée. Pour ce qui est de la première, c'est un problème passager penserons-nous! L'autre ira sûrement boire tout ce que l'on pourra lui donner! Dans la société d'aujourd'hui, une telle attitude est tout à fait conventionnelle bien que les temps changent.

Malheureusement, pour beaucoup encore, l'habit fait le moine et le degré de réussite, d'intelligence ou de prestige y sont nécessairement associés. Il est bien évident qu'il serait difficile de croire en quelqu'un qui nous parle d'abondance et qui, pourtant, s'habille de lambeaux et ne réussit pas à manger à sa faim. Combien d'entre vous vous êtes posés la question à savoir: est-il plus important de s'habiller richement ou bien de s'habiller avec goût? Ne choisit-on pas trop souvent notre tenue vestimentaire pour être à la mode?

Une telle attitude ne nie-t-elle pas notre nature intrinsèque et ne bafoue-t-elle pas notre corps? N'essayons-nous pas ainsi d'endormir notre Voix intérieure? Bien entendu, nous savons que telle pièce vestimentaire ne nous convient pas; mais que diront les autres? Placées dans une telle situation les personnes répéteront alors le slogan bien connu: il faut évoluer et vivre avec son temps.

Quoi de plus absurde! Il est exact que l'on se doit d'évoluer mais lorsque nous parlons de "vivre avec son temps" nous déclarons ouvertement que nos idées personnelles n'ont pas tellement d'importance. Nous comptons sur les autres pour penser à notre place! Je crois sincèrement qu'une telle attitude est un crime contre l'individu que nous représentons.

Nous avons une personnalité propre, une vie propre et un but bien distinct que nous nous devons de réaliser.

La description que je viens de faire de l'état existentiel pourrait laisser croire que l'existence humaine est vouée à une vie de misère. Eh bien, il n'en est rien. Que l'existence de tant de gens soit triste et sans but est malheureusement une réalité; mais n'allons pas croire pour autant que cela soit nécessaire ou même normal. Cet état de malheur, d'égoïsme, d'échec ou de découragement, disons-le dès le départ, n'est pas la condition naturelle de l'être humain et n'a pas sa place chez quiconque aspire à un meilleur équilibre de ses sentiments et de ses émotions.

N'oublions pas que, d'accord ou non, la situation dans laquelle chacun de nous se trouve aujourd'hui, est le résultat direct de sa manière de penser jusqu'ici. Nous sommes là où nous devons être et cela à cause du choix de nos pensées. Cette vérité s'applique à tous et chacun de nous, quelles que soient nos origines, nos croyances, notre statut social, politique ou économique. Les lois de la vie ne font d'exceptions pour personne. N'oublions pas qu'une pensée est d'autant plus puissante qu'elle nous touche personnellement et que son résultat ne dépend aucunement de nous.

Pourtant, comme il est raisonnable, nous désirons plus de bonheur, de santé, de succès, d'amis: une meilleure qualité de vie, quoi! Pour atteindre ce résultat, il est indispensable d'opérer un changement chez la plupart d'entre nous. Nous devons entretenir des pensées de meilleure qualité. Tout comme nous pouvons acheter un appareil électrique de qualité supérieure ou accomplir de nos mains un travail presque parfait, il nous est aussi possible de cultiver de meilleures pensées ou en fait de sélectionner celles que nous désirons garder actives dans notre vie. Chaque individu a en lui toute la puissance dont il a besoin pour se sortir des situations les plus délicates et entrer dans une vie qui contient tous les éléments du bonheur, de la félicité. Cette puissance ou Force Invisible, que certains appellent Dieu, coule sans arrêt à travers chaque cellule de notre être. Tout comme chaque cellule est unique et totale en même temps, l'individu l'est aussi.

La Puissance Créatrice connaît d'avance les besoins de l'homme, mais jamais elle n'offre, ni n'impose ses services. C'est à nous de la découvrir et d'apprendre à nous en servir, en étant disponible à recevoir ses grâces. Personne d'autre ne le fera ou ne peut le faire pour nous. Pourquoi en est-il ainsi demanderez-vous? L'homme est un créateur libre. Cela, la Puissance le conçoit et le respecte puisqu'à la base c'est elle qui est Source de TOUT. En tant qu'hommes, nous sommes des parties individualisées de la Puissance Créatrice mais nous ne formons qu'un avec Elle puisqu'elle est Tout.

Dans notre pèlerinage de la découverte de nous-mêmes, nous sommes le Capitaine de notre bateau, donc l'unique responsable de notre bonne arrivée au port. Notre responsabilité réside dans le choix des moyens pour arriver à destination. C'est de ces moyens et de ces possibilités que nous allons parler dans les pages qui suivent. Pour ceux qui doutent encore de la possibilité d'enrichir leur vie par l'utilisation de pensées de meilleure qualité, j'aimerais citer ici une phrase recueillie lors d'un stage à Stowe (Vermont—USA). M. Gérard Fortier nous fit la remarque suivante: «l'homme réussit si bien à se faire si mal, pourquoi ne réussirait-il pas si bien à se faire si bien?"

Cette phrase d'une profondeur peu commune exprime bien l'attitude que doit prendre l'homme vis-à-vis de son existence. Tout lui est permis à condition qu'il mette autant d'efforts à se faire du bien qu'il en met à se faire du mal. Pour celui qui comprend cette phrase, rien n'est impossible!

La pensée est la clé de la liberté et la source de toute réalisation dans notre vie. Cultiver des pensées positives permet de récolter le bonheur, la santé, l'abondance et l'amitié. C'est une vérité de base qu'une bonne qualité des pensées résulte en une meilleure qualité de vie. Chaque fois que nous entretenons des pensées, nous posons les jalons de notre existence future. Nous ne pouvons espérer avoir une vie intéressante que si nous semons des pensées positives dans le sol de notre esprit. Ce qui est vrai pour les lois physiques, l'est aussi pour les lois mentales. L'homme récoltera ce qu'il aura semé.

Chapitre 2

ÉVOLUTION ET NIVEAUX DE CONSCIENCE

AVANT D'ENTREPRENDRE L'ÉTUDE DE L'ÉVOLUTION SPIRITUELLE, il faut éclaircir un point qui est souvent cause de bien des discussions. Lorsque nous désirons exprimer une idée, nous utilisons des termes du vocabulaire courant pour la verbaliser. Ces termes sont souvent les seuls mis à notre disposition et vouloir s'en passer signifierait de devoir créer notre propre dictionnaire ou langage. Vous pouvez déjà vous imaginer les problèmes que cela causerait. Comment donc véhiculer une certaine idéologie au travers d'un vocabulaire commun à tous?

Lorsque nous verbalisons une idée ou une pensée, nous la dénaturons automatiquement car il n'existe pas de mots pour exprimer la charge de sentiments que cette pensée peut véhiculer. La verbalisation exige une certaine forme de rationalisation car autrement notre langage serait dénué de tout sens. De façon à modifier aussi peu que possible une pensée, nous devons la méditer afin d'en comprendre tout le sens et pouvoir ainsi l'exprimer sous forme de phrases. Le problème que nous rencontrons alors est l'utilisation d'un mot dont on fait un usage banal en langage courant et qui, dans ce cas précis, exige une interprétation presque étymologique. Tout au long du texte, lorsque cela s'avérera nécessaire, je me permettrai d'ouvrir une parenthèse de façon à bien dégager le sens et l'intention du mot employé.

Aujourd'hui, dans les milieux du "penser nouveau", les expressions "évolution spirituelle et cheminement" sont devenues très à la mode. Même plus, j'irais jusqu'à dire qu'elles sont source d'orgueil. Il est sûrement très agréable de se retrouver en groupe, de se donner mutuellement quelques "tapes dans le dos" et de comparer les résultats de nos examens de l'École de la Vie. Ne croyez-vous pas qu'une telle attitude ressemble à un certain groupe décrit dans la bible?

Comme le mentionne si souvent un de mes bons amis, le plus beau diplôme que l'on puisse détenir est celui fourni par l'Université de la Vie. Ce fameux diplôme ne peut se relier à des bulletins ou à un comportement qui plaît à autrui. Il ne peut pas, non plus, servir de référence ni même d'objet de comparaison. Dans cette étude de nous-mêmes et de l'Univers, nous sommes les élèves mais aussi à l'occasion le directeur de l'école. La vie et nos expériences en sont les professeurs et les livres.

De chaque action posée nous pouvons et devons en retirer une certaine dose de connaissances. Si l'on examine une situation quelconque, on s'aperçoit qu'elle n'est pas négative en soi; elle est plutôt une expérience de vie de laquelle il nous faut extraire la substance qui nous aidera à évoluer. Faute de cela, il nous faudra un jour ou l'autre la reprendre tout comme nous devons reprendre un examen que nous avons échoué.

Lorsque nous parlons d'évolution spirituelle, ou de cheminement, nous faisons, la plupart du temps, allusion à la facilité plus ou moins grande que nous avons de comprendre une forme ou manière de penser que l'on qualifie d'abstraite parce que non tangible, non matérielle. Personne ne peut se vanter de pouvoir dire qu'il connaît les formes que prennent les pensées ou encore à quoi ressemble une évolution de la pensée. Peu importe les termes que nous utilisons, ils qualifient simplement notre aisance à nous servir de la Puissance Universelle-Force-Dieu qui nous entoure, qui nous transperce et qui ne demande qu'à s'exécuter à travers nous, en tant que nous. Dans toutes les conversations que vous aurez au sujet de l'évolution spirituelle, rappelez-vous que la plupart des discussions contiennent beaucoup de théories mais très peu d'expériences pratiques. Même s'il faut vous faire violence, évitez d'adhérer au dicton qui dit: faites ce que je dis mais pas ce que je fais. Soyez prudents dans vos dires, surveillez vos actions et oubliez l'idée qu'il faille avoir des "épreuves" pour évoluer spirituellement!

Signification dans notre vie

Évoluer spirituellement c'est acquérir progressivement la certitude que Dieu est présent dans l'Univers par tout ce qui nous entoure mais aussi et surtout par chacun de nous. Nous venons sur Terre pour apprendre une leçon et il faut que cette leçon soit apprise et bien comprise avant que notre champ d'expérience puisse s'élargir ou s'élever. Cette leçon peut être comprise de façon spontanée, laborieusement sans douleur ou encore de façon très douloureuse. Il n'y a cependant aucune raison de devoir passer par la dernière alternative. Il nous est possible aujourd'hui, comme il nous a d'ailleurs toujours été possible de décider de vivre Dieu dans notre vie et de nous éviter beaucoup de tourments. Nous avons un choix à faire car nous avons été créés libres. Comment utilisons-nous notre liberté?

Être plus ou moins apte à comprendre ou à intégrer une certaine forme de spiritualité ne devrait pas être une source d'orgueil ni de déception. Ce devrait être pour chacun de nous, une indication du travail qu'il nous reste à faire. Connaissant notre charge de travail ou, plus positivement, les merveilles qu'il nous reste à découvrir, il nous sera plus facile de choisir et de "réussir" notre vie. Tout comme à l'école, à mesure que nous progressons, les étapes sont de plus en plus difficiles à franchir mais comme nous sommes mieux préparés, l'effort exigé n'est pas plus grand. Il n'en demeure pas moins que cela demande une prise de conscience plus grande; une prise de conscience de tous les instants. Comme je le mentionnais au début, l'homme cherche toujours à prendre des raccourcis et il s'assoit facilement sur ses lauriers. Il faut donc demeurer très vigilant car l'expérience de vie viendra en douceur: comme un voleur.

Où en sommes-nous dans notre évolution

Il y a plusieurs façons de déterminer notre degré d'évolution. Il y a l'évaluation dite "subjective"; c'est-à-dire par comparaison avec les gens qui nous entourent. Cette façon de faire est plus décourageante qu'intéressante. Suivant l'amour de soi que l'on cultive, égocentrisme diront certains, ou l'estimation que nous avons de nous-mêmes ou de notre entourage, nous aurons tendance à la complaisance ou encore à regarder les autres comme des êtres évolués ou des Maîtres spirituels très distants de nous. Dans tous les cas, cette méthode est à proscrire car nous serons toujours les grands perdants. Il est possible que nous soyons plus ou moins avancés par rapport à d'autres mais cela n'implique pas qu'il doive en demeurer ainsi et cela ne devrait que nous motiver.

Notre évolution ne dépend que de nous et ne regarde que nous. Personne d'autre que nous ne peut nous faire évoluer. Bien sûr, suivant l'étape où nous nous trouvons, il y aura des gens qui croiseront notre chemin et qui nous aideront grandement. Une telle situation se produira à chaque fois que nous aurons, consciemment ou non, décidé d'évoluer. Cependant, encore là, tout dépend de nous, car un maître, quelle que soit sa connaissance, ou sa stature, ne peut transmettre à un élève que ce que ce dernier est en mesure d'absorber. De même le vrai étudiant percevra beaucoup plus que ce que le maître lui enseigne. Il en va de même dans tout acte de partage.

Tous ceux qui ont relu un livre plusieurs fois se sont aperçus que le niveau de compréhension est différent à chaque lecture, pour chaque personne. Le résultat ne dépend que de ce que nous recherchons! Pour résumer ce qui précède, disons que les comparaisons peuvent avoir des points positifs si l'on est en mesure de se regarder objectivement, dans le cas contraire, elles sont à proscrire en tout temps. Lorsqu'il est ici question de se regarder objectivement, il ne s'agit nullement de définir nos limites mais d'accepter de se remettre en question.

Il existe une autre méthode pour déterminer où nous en sommes. C'est la méthode que nous enseigne Jésus au moyen de quelques paraboles. Il serait peut-être bon d'ouvrir une parenthèse pour donner une brève définition de la parabole.

L'interprétation des paraboles se situe à deux niveaux: l'un littéraire ou descriptif et l'autre plus subtil ou spirituel. Le premier nous permet de nous reconnaître dans une situation bien précise alors que le second nous montre le but à atteindre ou l'essence à extraire de la situation. Les paraboles indiquent clairement que l'unique différence entre l'échec et la réussite, la misère et la félicité, est un changement dans le mental individuel.

Jésus se servait de paraboles pour faire passer un message qui demeurera vrai à travers les âges. Par le biais de récits allégoriques, il tend à démontrer ce que l'on peut dégager d'une situation quelconque. Puisqu'il s'adressait à des personnes peu instruites, et surtout très craintives, il utilisait comme exemple des actions de leur vie courante. Ces actes, ils pouvaient les comprendre car ils les vivaient à tous les jours.

La méthode de Jésus est des plus simples: «vous les reconnaîtrez à leurs fruits". Que voulait-il dire par cette phrase? Lorsque Jésus parle de fruits, il parle des démonstrations du pouvoir universel dans notre vie. Il parle aussi de notre capacité à mettre en œuvre la Puissance ou la Force qui unit l'Univers ou tout ce qui EXISTE. Peu importe ce que les gens disent au sujet des théories sur l'évolution spirituelle, vous serez toujours en mesure de savoir où ils en sont si vous portez une attention toute spéciale à leurs fruits. Il est bien entendu qu'une personne, qui difficilement parcourt les étapes de sa vie, prouve bien peu sa compréhension des vérités spirituelles.

Jésus, en bon guide spirituel, n'arrête pas là ses recommandations. Il complète son enseignement par la parabole de la maison construite sur le roc et celle construite sur le sable. Dans cette parabole, il nous avertit de la vanité de la théorie non vérifiée par la pratique. De plus, il nous met en garde contre le péril qu'encourent ceux qui connaissent la Vérité, qui en ont une vision plus ou moins claire et qui se dispensent de l'appliquer, de la suivre dans leur vie ou dans leurs relations avec les autres. Dans de tels cas, mieux vaudrait ne jamais avoir entendu parler de la Vérité que de la connaître sans la vivre; car ces personnes risquent de voir apparaître dans leur vie plus de problèmes qu'ils n'en peuvent résoudre. La seule façon de prouver notre compréhension de la Vérité c'est d'en faire la démonstration dans notre vie personnelle et dans notre milieu social.

Lorsque je parle de prouver notre compréhension, il ne s'agit pas là de le crier sur les toits. Il s'agit plutôt de vivre Harmonieusement. Comme tout changement intérieur amène nécessairement un changement extérieur, à tous les coups, lorsque vous vivrez une vie intérieure intense, vous serez pour votre entourage *la Lumière du monde*. Pas besoin de parler, une lumière joyeuse sortira de vous pour rayonner vers tout ce qui vous entoure. Inconsciemment, les gens vont percevoir cette lumière, ce rayonnement, cette chaleur qui émane de vous. Vous deviendrez celui ou celle auprès de qui il fait bon d'être. Il sera tout naturel de se sentir en sécurité et en confiance en votre compagnie! En d'autres mots, vous réussirez à extérioriser le Christ en vous!

Sous des allures toutes simples, la méthode de la démonstration n'en demeure pas moins une méthode très ingrate, du moins au début. Supposons que vous veniez de réussir ce que nous appelons une démonstration. Qu'elle sera votre première pensée à ce sujet? Bien sûr, comme tant d'autres personnes, vous douterez de la valeur de votre intervention. N'est-ce pas par hasard que cela est arrivé? Ou encore mieux: ce serait arrivé quand même car tel était mon destin. Vous ne serez jamais sûr que la réussite soit due à votre démarche. Mais après tout, qu'est-ce que cela peut bien faire? L'important n'est-ce pas le résultat? Qu'est-ce que vous perdez à essayer sur un autre sujet? Et si cela fonctionnait encore!!!

Lorsque Jésus réanima Lazare, les gens ont cru à un truc. D'autres invoquaient le phénomène de catalepsie pour décrire l'état de Lazare. Ceux qui sont un peu familiers avec l'hypnose savent que l'état de catalepsie est un état de transe hypnotique profonde qui a pour principale caractéristique de rigidifier le corps d'une personne. La personne est comme morte. Le pouls est très très faible, la respiration est à peine perceptible. On peut certainement y voir une certaine ressemblance avec le cas de Lazare. Toutefois, si l'on se fie au récit de la bible, le corps de Lazare commençait à dégager des odeurs provenant de la décomposition. Peu importe les hypothèses que nous pourrions avancer, il n'en demeure pas moins que pour Jésus, une seule chose comptait: son meilleur ami vivait à nouveau près de lui. Le reste n'avait aucune importance car à quoi sert de se soucier des détails quand seul le résultat final compte.

Tout cela c'est très bien me direz-vous, mais comment au travers de tout cela pouvons-nous estimer notre état d'évolution spirituelle? Jésus nous simplifie grandement la tâche par le biais d'une autre parabole. Il s'agit de la parabole du Semeur.

> *"Un homme sortit pour semer. Comme il répandait la semence dans son champ, une partie des grains tomba le long du chemin: les oiseaux vinrent et les mangèrent. Une autre partie tomba sur un sol pierreux où il n'y avait pas beaucoup de terre. Les grains poussèrent aussitôt parce que la couche de terre n'était pas profonde. Quand le soleil fut haut dans le ciel, il brûla les petites plantes et elles se desséchèrent parce qu'elles n'avaient pas de grandes racines. Une autre partie des grains tomba parmi des plantes épineuses. Ces plantes épineuses levèrent et étouffèrent les bonnes pousses. Mais d'autres grains tombèrent dans la bonne terre et donnèrent du fruit . . .",* Matthieu 12-13.*

Dans cette parabole, Jésus nous parle de quatre étapes dans l'évolution spirituelle. Il serait logique de penser qu'il nous faut apprendre les éléments qui correspondent à chacune, de façon à acquérir la Vie spirituelle. Il n'en est malheureusement pas ainsi. Dans l'évolution spirituelle, contrairement à ce qui se passe dans notre éducation, il ne s'agit pas d'obtenir un diplôme certifiant notre savoir mais plutôt de démontrer tout au long de notre vie notre compréhension de la Vérité, de la Réalité spirituelle. Les étapes dont nous parle Jésus ne sont pas successives mais actuelles en tout temps. Ce sont ce que nous appelons des états de conscience.

Nous abordons chaque situation suivant l'état de conscience où nous nous trouvons. Tant que nous sommes en période d'évolution, nous allons d'un état à un autre. Notre degré d'évolution, si l'on peut dire, peut ainsi se déterminer en estimant à quel niveau nous nous trouvons le plus souvent. Pour tous ceux d'entre nous qui cheminons, il est normal que nous ayons quelques fois des écarts de conduite. L'important c'est que nous nous en servions pour progresser. De toute façon, un jour nous comprenons et enfin le grain tombe dans la bonne terre. À ce stade de notre évolution, notre esprit ou le sol de nos pensées devient très réceptif et nous permet de mettre automatiquement en œuvre la Puissance Universelle pour notre bien-être. La semence donne alors du bon fruit car à ce moment, bien que la Loi de Cause à effet demeure immuable, les Effets sont toujours positifs puisque dérivant de Causes justes ou positives. Dès lors nous incorporons Dieu dans notre vie et tout nous est donné par surcroît!

Les niveaux de conscience

Les niveaux de conscience sont souvent appelés autrement. Les termes comme le conscient et l'inconscient ou encore le subconscient sont autant de mots pour parler des niveaux de conscience. Mais comme l'homme ne fait rien simplement, il introduit en plus des termes comme le super conscient et le supra conscient pour ne citer que ces deux mots. Malheureusement, que nous le voulions ou non, nous sommes toujours conscients. Lorsque nous parlons de certaines actions faites de façon inconsciente, il s'agit en fait d'une action qui a été faite au moment où nous étions dans un état ou niveau de conscience moins réceptif. L'action s'est faite efficacement, sans doute car, à ces niveaux, notre volonté a bien peu de chances d'entraver la dite action.

À chaque instant de notre existence, nous vivons avec un niveau de conscience spécifique et bien défini. Suivant ce niveau de conscience, nous pouvons extraire plus ou moins d'expérience d'une situation donnée. La même situation se reproduisant un peu plus tard, nous en retirerons souvent une expérience différente. Si nous avons un peu appris lors du premier essai, le second peut nous apporter des expériences beaucoup plus riches.

L'homme ne vit pas sur des plans ou niveaux de conscience bien définis ou statiques mais voyage plutôt d'un niveau à un autre. Ce changement de niveau est quelques fois influencé par la charge émotionnelle (ressentiment) véhiculée par la situation à laquelle nous avons à faire face.

Les niveaux de conscience représentent l'état vibratoire dans lequel, à un instant donné, se situe notre pensée. Comme vous le savez sans doute, tout ce qui nous entoure est vibration. À chaque forme est relié un état vibratoire et les formes matérielles, par exemple, ont des vibrations beaucoup plus lourdes que celles qui composent les pensées. Nous pourrions comparer la fréquence vibratoire de la pensée à la gamme des notes que l'on peut reproduire sur le clavier d'un piano. Tout comme le haut de gamme, les vibrations de la pensée sont très subtiles. Le fait que tout ce qui existe soit formé de vibrations explique clairement que nos pensées puissent prendre forme. Nous sommes en tout temps le récepteur et l'émetteur d'ondes. Quelle est notre capacité à les matérialiser (à abaisser la fréquence vibratoire) dans notre vie?

Tout ce qui existe dans l'univers vit dans, ou suivant, un état de conscience. Les animaux, les plantes et même les grains de sable "vivent" selon un état ou niveau de conscience qui leur est propre. Ils sont sur la Terre, tout comme l'homme, pour exprimer la Présence de Dieu dans l'Univers. L'homme a cependant une caractéristique qui le distingue de beaucoup d'êtres: il change constamment de niveau de conscience et cela pour son bonheur mais également pour son plus grand malheur. Il n'en demeure pas moins, cependant, que plus il évolue plus il a tendance à se fixer sur le niveau qui lui permet de produire des fruits. Ce niveau de conscience élevé est synonyme de vibrations subtiles et dès que l'homme l'a trouvé et s'y est fixé, il vit en harmonie avec lui-même (sa pensée) et avec l'Univers. Il réalise que tout autour de lui n'est que beauté et harmonie.

Comme pourrait-il en être autrement puisqu'à ce moment l'homme vit Dieu, la Présence Universelle, dans sa vie. Il existe un facteur commun à toutes les entités qui expriment la Présence ou la Puissance Universelle: elles respirent nécessairement la Beauté; car le beau est en fait l'expression du bien et du positif dans l'existence.

Pour résumer tout ce qui précède, disons qu'en évoluant nous nous fixons progressivement à des niveaux de vibrations plus élevés ou plus subtils. Plus ceux-ci sont élevés, plus notre contact avec la Présence Divine est intense et plus rapide est notre démonstration.

Principe de vie

Une phrase toute simple pourrait résumer tout ce qui concerne le but de la vie ainsi que son principe: *il nous faut témoigner de la grandeur et de la splendeur de l'Univers, servir soi et les autres*. La mise en pratique d'une telle déclaration peut demander beaucoup de temps, même plusieurs vies.

Lorsque l'on décide d'étudier ce qui concerne le créativisme spirituel, il est souvent difficile de comprendre les relations qui existent entre le matériel et le spirituel. Le côté matériel est facile à comprendre dirons-nous. Chacun de nous vit à un moment donné avec un corps qui nous est spécifique. De même, nous avons certaines capacités dont nous sommes conscients. Ces capacités peuvent être d'ordre physique, comme la course ou la force physique, ou encore mental comme la mémoire ou l'intelligence.

La relation entre le mental ou psychique et le physique ou matériel est relativement aisée à comprendre. Pour ce qui est de la vie spirituelle, c'est tout à fait autre chose. Il est très difficile à admettre qu'au niveau spirituel nous soyons tous égaux et que nous ayons à notre disposition les mêmes capacités dont nous n'avons qu'à faire usage. Vous voyez déjà la réaction de certaines personnes: «je n'y comprends rien car je n'ai pas l'intelligence voulue" ou bien "il est impensable que des personnes moins intelligentes que moi puissent comprendre les subtilités de la vie spirituelle". Par manque de confiance ou par vanité, les gens refusent de prendre ce qui leur revient de droit. «Bien sûr, si c'était vrai! Mais c'est trop beau pour être vrai!»

Voilà les grandes phrases lancées. On voudrait bien y croire mais on ne pense au Père Noël qu'une fois par année. De plus, nous connaissons ce Père Noël et ses raisons! Ce qui est particulièrement difficile à admettre dans l'étude du Créativisme spirituel c'est que le monde physique, celui que nous connaissons et que nous aimons tant, a une existence réelle mais n'est pas une chose en soi et n'est surtout pas la RÉALITÉ. L'illusion n'est pas dans la chose, mais dans l'interprétation que nous donnons de la chose. Voici deux exemples qui j'espère vous feront comprendre la limitation de nos sens.

"Un jour, une grenouille de fleuve tomba dans un puits. C'était un grand puits nous faut-il ajouter! Elle y trouva une autre grenouille qui y vivait depuis sa naissance. Dès son arrivée, la grenouille de fleuve se sentit très à l'étroit. Le puits était si sombre que ses yeux avaient beaucoup de difficulté à distinguer les objets. Après les salutations d'usage, les deux grenouilles se mirent à échanger leurs idées et connaissances. La grenouille de puits n'en tarissait pas d'éloges pour son environnement. Elle connaissait presque tous les endroits du puits mais elle avait encore beaucoup à apprendre. Sûrement que l'endroit d'où venait la grenouille de fleuve était plus petit et moins beau. Vous pouvez imaginer sa surprise lorsque la grenouille de fleuve commença à lui raconter d'où elle venait. Impossible lui crie la grenouille du puits! Mon

puits est tout ce qu'il y a de plus beau et de plus grand dans le monde. Tout ce que tu racontes relève de l'imagination!"

Eh oui, c'est trop beau pour être vrai! Tout ce que nous n'avons pas expérimenté ne peut se concevoir facilement. Pour cela, il nous faut avoir une très grande ouverture d'esprit. Mais ne réagissons-nous pas un peu comme la grenouille de puits lorsque nous limitons toutes nos expériences à notre corps ou aux capacités de notre intelligence?

"Un jour, deux petites fourmis amoureuses s'étaient étendues près de la rivière. Leur journée de travail terminée, elles rêvaient aux belles choses qui les attendraient dès qu'elles se seraient mariées. C'était par un beau clair de lune. Les fourmis se croyaient seules au monde. L'une disait à l'autre: regarde toutes les étoiles. Crois-tu qu'elles soient habitées? Bien sûr que non, dit l'autre. Tu sais bien que nous sommes les seuls êtres intelligents dans le monde. Que pourrait-il y avoir là-bas que nous ne connaissions déjà? Soudain, au milieu de la soirée, il y eut un grand bruit; comme un grondement de tonnerre. Ce grondement fut suivi d'un violent orage qui fit croître le niveau de la rivière et soudain un éboulis se produisit. Ce désastre emporta nos belles amoureuses et leurs rêves . . . Un homme venait d'arroser son gazon!"

Tout comme ces fourmis, nous nous limitons à ce que nos sens physiques peuvent nous apporter. Tout ce qui ne relève pas d'eux n'est pas vrai et y porter une attention quelconque serait de la folie. N'oublions-nous pas trop souvent que dans toutes les réalisations scientifiques, il y a toujours eu un grain de folie!

Mais revenons au Principe de vie. Nous vivons dans ce que les savants appellent un espace-temps. En mathématiques, nous dirions que chaque moment de notre vie peut être défini par un coefficient d'espace-temps. Qu'elle est la réalité de cet espace et de ce temps?

Dans l'histoire de l'homme, plusieurs proverbes bien connus prennent le temps en témoin. L'espace et le temps semblent être des unités immuables; et tout dans notre langage le laisse supposer. On parle souvent de course contre la montre et généralement il nous manque toujours un peu de temps pour réaliser nos buts. Pour celui qui n'a que peu de connaissances dans le créativisme spirituel, tout ce qui arrive dans un certain espace-temps semble être définitif, non transformable, irrémédiable.

Les vibrations de notre corps ainsi que celles de notre environnement, par leur grossièreté, nous portent à croire à la suprématie de la matière sur le spirituel. Quoi de plus erroné car avons-nous déjà songé aux émissions de radio et de télévision que nous recevons à tout instant chez-nous. Ces émissions sont dues à la propagation d'ondes électromagnétiques que l'on ne peut voir (à cause de leur fréquence qui est très élevée) et que nos appareils abaissent en fréquence (vibration) de façon à les placer à notre portée. Pourtant, à ce niveau, personne n'oserait affirmer que ces ondes n'existent pas. Si cela fonctionne pour les ondes radio, pourquoi ne pourrait-il en être de même pour nos pensées?

Une conception limitée du temps est souvent la pierre d'achoppement lorsqu'il s'agit de témoigner de la grandeur et de la splendeur de l'univers. Sauf pour la Loi de cause à effet (que nous traiterons au chapitre 5) rien n'est immuable, rien n'est définitif et rien n'est statique. Une conception spiritualiste du temps suppose que la seule Réalité est celle que l'on introduit dans, et par, sa pensée. Peu importe ce que l'on peut observer, seule compte notre conception ou notre acceptation des évènements. Peu importe ce qui se passe autour de nous, pour autant que l'on croie en l'amour divin, Dieu arrangera les choses en notre faveur sans que ce soit au détriment du prochain. Il faut tout simplement lui laisser la possibilité d'agir pour nous, et pour les autres, et permettre à Dieu ou à la Puissance Universelle de s'extérioriser à travers nous. Alors nous témoignerons de la splendeur et de la perfection de l'univers.

Dans nos conversations, nous parlons souvent de Dieu ou de la Puissance Universelle. Quelle notion avons-nous de ce Dieu? Est-ce un Dieu d'amour, de bonté ou plutôt est-ce un despote cruel qui ne veut que notre pleine soumission?

Si cela était, pourquoi alors nous aurait-il créés libres? Malgré le fait que chacun de nous ait une conception différente de la notion de Dieu, nous nous accordons généralement pour dire que Dieu a fait l'homme à son image. À ce sujet, un maître disait un jour: «toutes les nations et tous les peuples ont leurs Dieux propres . . . Les uns ont le Dieu du feu, d'autres celui des récoltes . . . Chacun a un meilleur Dieu que son frère. Comment puis-je comprendre que Dieu ait fait l'homme à son image car devant cette multitude de Dieux, je dirais plutôt que chaque homme a fait Dieu à son image!"

Cette pensée imprégnée de haute spiritualité est tout ce qu'il y a de plus vrai. Peu d'hommes, en effet, s'accordent à donner une même définition de Dieu. L'homme ne peut définir ce dernier car il est l'Infini; il est tout. Comme nous ne pouvons définir que ce que nous pouvons comprendre, la nature de Dieu nous échappe. Pour nous, étudiants du créativisme spirituel, Dieu est défini par ses réalisations à travers nous. De même, la découverte de Dieu ne peut être que personnelle et ne sera toujours qu'un sentiment. Personne ne peut se mettre à Sa recherche à notre place. De toute façon, bien qu'il soit partout et en tout, ce n'est qu'à l'intérieur de nous que nous pourrons le découvrir. Pour nombre d'entre nous, il semble impossible de trouver Dieu car quelques fois notre situation est tellement morose qu'il est impensable voire impossible que nous soyons une partie, aussi infime soit-elle, du Principe de vie, du Principe Divin.

Lorsque nous habitons à l'enseigne de la pauvreté, du malheur ou du désespoir, il peut sembler difficile d'y trouver un Dieu aimant et omnipotent. Cependant, il est important de se rappeler qu'au-delà de nos inhibitions et de nos troubles, Dieu est là qui attend. Il attend que l'on accepte consciemment l'harmonie et le bonheur qu'il nous offre; car comme le disait Jésus: *mon Père et moi ne faisons qu'un. Ce n'est pas moi qui fais les œuvres mais Lui.*

Peu importe la façon dont nous le concevons, Dieu ne pourra jamais être perçu que comme un sentiment et une croyance. À mesure que nous ressentons la véritable nature de Dieu et que nous l'extériorisons activement, nous prenons l'habitude de nous servir constamment de ce pouvoir, en mangeant, en courant, en respirant, en accomplissant les petites et les grandes tâches de notre vie. Simplement souhaiter, espérer ou désirer vivre Dieu dans notre vie ne pourra jamais produire cette découverte de Soi, cette découverte de Dieu. Pour vraiment évoluer, il doit y avoir la ferme volonté d'éliminer de notre vie tout ce qui n'est pas conforme à une vie spirituelle. Cela ne signifie nullement que notre vie deviendra sans buts ni joies car Jésus, notre Guide spirituel, est venu nous montrer le chemin pour que nous ayons la vie et que nous l'ayons en abondance.

Contrairement à ce que la majorité des gens pensent, vivre spirituellement signifie qu'il nous est possible de vivre notre expérience physique ou corporelle plus intensément, plus totalement. L'instrument d'aliénation de l'homme est aussi l'instrument de son salut. C'est ainsi que nous devons re-sensibiliser l'instrument super-perfectionné qu'est notre corps et découvrir ses immenses possibilités. Nous devons aimer notre corps et en prendre soin car comme le dit le vieux dicton: un esprit sain dans un corps sain. N'oubliez pas que la plupart des grands Maîtres ont beaucoup appris de leur corps avant de pouvoir accéder à la vie spirituelle. De plus, puisque la seule façon de découvrir Dieu passe par une recherche intérieure, alors notre corps demeure encore la Voie Royale pour se rapprocher de Dieu.

La découverte du Principe Divin peut se faire de façon instantanée mais elle doit, habituellement, s'apprendre. Pour ressentir Dieu en nous, nous devons chercher à nous en approcher par tous les moyens possibles. Le fait d'employer très souvent le mot Dieu peut aider énormément. Nous aurons fait un grand pas lorsque nous pourrons prononcer ce terme à tout moment sans en ressentir de gêne. Nous commencerons alors à croire en ce que nous disons. En tout temps, nous devons chercher à percevoir Dieu comme le principe créateur s'écoulant à travers nous. Pour bien vivre Dieu, concentrez ce principe, activez-le, émettez-le avec une influence dynamique. De toute façon, rappelez-vous qu'il vous suffit de dire Dieu une seule fois, en sachant ce que cela signifie, pour votre corps ne reprenne plus jamais son précédent rythme vibratoire.

La progression dans l'évolution spirituelle est comparable à celle de notre maîtrise de la Foi ou du grand Abandon. Au début, nous connaissons le terme mais nous ne le mettons pas en pratique. En chemin, nous concevons cette foi et la mettons en pratique bien que faiblement tout d'abord. Au commencement de la Vie Nouvelle, nous vivons notre foi, la Foi. Tout ce que nous entreprenons se réalise instantanément car la Puissance opère hors du temps en notre faveur sans nuire à notre prochain.

Nous trouvons une bonne marche à suivre quant à notre évolution dans le livre de la Genèse et plus précisément dans les Sept jours de la Création. Encore une fois, le procédé de récit par le moyen de l'allégorie y est utilisé. Bien sûr, il nous est toujours possible d'accepter ce texte de façon littéraire mais nous pouvons aussi l'appliquer de façon plus précise à notre vie, à notre évolution spirituelle. Les jours, tels que décrit dans le récit de la création, représentent les étapes de notre évolution spirituelle ou encore notre degré de compréhension de notre nature spirituelle. Au début, nous ne concevons que difficilement nos possibilités mais au moins nous savons qu'il y a de l'espoir. À chaque jour nous découvrons quelque chose de nouveau. Notre certitude dans la possibilité d'une réalisation est toujours plus grande.

Les jours de la Création peuvent aussi s'appliquer à un traitement. Dans ce cas, d'abord nous essayons de construire le problème puis nous cherchons à le remettre à Dieu. Le septième jour est atteint lorsque nous sommes à un point tel que nous ne sentons plus le besoin ou la nécessité de continuer le traitement. Alors nous SAVONS! Cependant, il arrive, qu'en dépit du travail spirituel, que nous n'obtenions pas pour le moment la réalisation demandée. Dans un tel cas, il faut se rappeler que nous avons prononcé la Parole et que nous avons déclaré la Vérité. Il nous faut maintenant laisser aller les choses et demeurer dans la ferme certitude que nous avons déjà reçu ce que nous attendons. Voilà notre plus grande réalisation en ce septième jour.

Dans le but d'éclaircir un certain malentendu, j'aimerais aborder brièvement la question de domination ou Dominion dont il est question dans la Genèse. N'en déplaise à certains, cela n'est pas l'expression d'une domination naturelle de l'homme sur son environnement. Il est vrai que de par son corps et ses facultés intellectuelles, l'homme peut transformer son environnement, et ce, pour son bonheur ou son malheur. Malgré toute sa puissance, l'homme n'a pas l'autorité de changer la nature des choses (par exemple, exiger qu'un pommier ne produise que des oranges . . .). Cependant, tout lui est disponible et à la portée de la main. Il n'a qu'à cueillir les fruits de ses expériences.

La seule domination que l'homme possède est celle qu'il a ou qu'il devrait avoir sur lui-même. Pour assurer cette domination, il doit expérimenter spirituellement et faire en sorte de connaître Dieu dans sa vie.

Tout ce qui existe est de nature divine, au même titre que l'homme. Du grain de sable à l'organisme le plus complexe, tout exprime la présence du Père. La plupart des choses qui existent, et surtout celles que nous qualifions d'ordre inférieur, utilisent leur droit à la liberté pour louer la splendeur de Dieu. Je pourrais même ajouter que plus le système est primitif, plus il est près de Dieu car il se dirige tout simplement vers le but de son existence.

Pour l'homme, il peut paraître évident que plus un système vivant est évolué, plus il peut être en contact avec le Créateur. Ce n'est malheureusement pas le cas car chez les systèmes dit complexes, l'usage de la liberté sert surtout à nourrir l'Ego au détriment du Père. Il n'est donc pas rare de rencontrer, dans de tels systèmes, la séparation et le chaos qui remplacent l'harmonie que nous offre le Père.

Tout comme je le mentionnais auparavant, nous ne pouvons connaître Dieu qu'en allant au-dedans de nous-mêmes et ce n'est que comme un sentiment et une foi que l'on peut l'expérimenter. Il faut qu'au travers des épreuves nous puissions toujours voir la lumière presque insoutenable que Dieu tend vers nous pour nous sortir des ténèbres où nous a plongé notre esprit. Une question nous vient alors naturellement à l'esprit: pourquoi devons-nous évoluer et jusqu'où?

La réponse à la première partie de la question est assez simple. Notre existence n'a pour seul et unique but que d'exprimer Dieu dans notre univers. Il ne faudrait pas voir là une abnégation de soi au profit de Dieu car la Vérité est toute autre. Lorsque nous glorifions Dieu ou le représentons dans notre univers, nous devons le faire grâce à tous les moyens qu'il a mis à notre disposition. Une vie agréable, dénuée de problèmes, et où règne l'Amour inconditionnel, est sûrement la meilleure façon de représenter Dieu sur la Terre.

En tant que créateur libre, nous devons décider du temps qu'il nous faudra pour extérioriser le Père dans notre vie. Durant toute la durée de notre Existence (au cours de notre évolution) nous sommes, que nous le voulions ou non, soumis à la Loi de cause à effet et, pour de nombreuses fois, il nous faudra naître et mourir à cette vie de façon à nous purifier, à nous rapprocher de l'état divin. Cela ne signifie pas pour autant que l'on doive absolument revivre pour expier nos peines car rien ne nous empêche d'avoir un sincère repentir et de nous corriger. Au cours des âges, nous avons eu plusieurs exemples de repentir sincère. Qu'il ne me faille mentionner que quelques noms tels Moïse ou l'apôtre Paul. Ce repentir n'est cependant pas une tâche facile et beaucoup de gens préfèrent la répartir en plusieurs tranches ou étapes.

L'évolution que l'humain pourrait à prime abord considérer comme l'étape ultime est ce que j'appelle l'altruisme actualisé. L'altruisme total, correspondant à ce stade d'évolution, s'accomplit au moment où le retour à une forme matérielle (réincarnation) n'apporte plus de crédits à celui qui se matérialise. Le but d'une telle réincarnation est d'aider la race à progresser. Toute négation de soi au profit des autres ne rapporte plus rien car à ce moment l'entité est délivrée à jamais du karma. Si les gens comprenaient la difficulté d'une telle action, ils prendraient conscience de l'indéfinissable amour qu'ont atteint ces Êtres merveilleux. Tout comme eux, nous devons nous aussi évoluer jusqu'au moment où nous pourrons à toute heure du jour vivre Dieu dans notre vie. L'amour sera alors notre seul combustible et le partage notre seule flamme.

Le calendrier

Le calendrier est le symbole du temps. Vous êtes le symbole de l'unité avec Dieu. Menez à bien votre évolution spirituelle, et:

- Prenez le temps de penser, c'est la source du pouvoir
- Prenez le temps de jouer, c'est le secret de l'éternelle jeunesse
- Prenez le temps de lire, c'est la source du savoir
- Prenez le temps d'aimer et d'être aimé, c'est une grâce de Dieu
- Prenez le temps de faire des amis, c'est la voie du bonheur
- Prenez le temps de rire, c'est la musique de l'âme
- Prenez le temps de partager, la vie est trop courte pour être égoïste
- Prenez le temps de travailler, c'est le prix du succès

Enfin,

- Prenez le temps d'être vous-mêmes, c'est la voie qui mène à Dieu et à la félicité

PRENEZ LE TEMPS

ET LAISSEZ FAIRE

Chapitre 3

LA CRÉATIVITÉ DE
LA PENSÉE SPIRITUELLE

L'HOMME, DE TOUT TEMPS, A TOUJOURS, MALGRÉ LUI, RECHERCHÉ le calme et l'ordre. Cependant, la plupart des hommes passent leur vie à se débattre au milieu de ce qu'ils croient être le désordre. Pourtant, tout autour d'eux leur suggère le contraire. La nature et l'Univers expriment un état d'ordre parfait. Comment pourrait-il en être autrement car comme vous le savez le désordre ne peut être toléré dans l'Univers où tout n'est qu'ordre et beauté. Si l'Univers existe depuis des millions d'années, c'est que tous ses mouvements sont réglés sur l'horloge divine et que rien n'est laissé au hasard. Il est clair que le désordre n'a pas sa place car il mène inévitablement au chaos et à l'autodestruction.

Dans sa quête du bonheur et de l'harmonie, l'homme doit faire appel à tous les moyens mis à sa disposition. Deux lui sont particulièrement utiles: le corps et la pensée. Bien que la pensée se charge d'orienter les expériences de la vie, le corps n'en demeure pas moins celui qui est chargé de les vivre. Une chose peut vous paraître surprenante: pour la plupart des gens il semblerait que ce soient les besoins du corps qui dirigent la pensée. Cette remarque est tout à fait juste car lorsque notre corps est malade, notre pensée s'axe exclusivement sur le problème en question. Dès lors, elle n'est plus libre; elle n'est plus maître chez nous. Malgré tout cela, nous pouvons quand même soutenir que l'organisation de la vie de l'homme dépend principalement de ses capacités que nous appellerons cérébrales.

Vous connaissez sûrement beaucoup de personnes qui sont très fières de leur intelligence, de leur mémoire ou encore de leur capacité de penser ou d'imaginer. L'homme est vraiment très heureux de posséder l'instrument de précision qu'est le cerveau. Bien que d'une spécialisation extrême, ce dernier peut être comparé à un ordinateur auquel on aurait oublié d'adjoindre des terminaux. Sans les sens, il est parfaitement inutile. Les sens opèrent comme des agents de relation entre l'intérieur (cerveau) et l'extérieur (le monde qui nous entoure). C'est par les sens que nous pouvons apprendre à connaître l'univers mais c'est par le cerveau que nous parvenons à le comprendre. Jusqu'à ce jour, malgré toutes les recherches scientifiques, aucun savant n'a réussi à mettre le doigt sur les zones du cerveau qui régissent l'activité cérébrale que nous appelons la pensée. Il est vrai que la science nous trace les grandes lignes permettant de comprendre l'activité du cerveau, mais il se trouve toujours une exception à la règle qui vient tout remettre en question.

Je pense notamment à l'exemple qui veut que l'épaisseur du cortex cérébral d'une personne soit proportionnelle à l'intelligence. J'ai lu récemment dans une revue médicale, qu'un enfant doué d'un quotient intellectuel supérieur, et actuellement sous observation, semble démontrer tout le contraire. Comme vous le voyez, l'étude du cerveau est bien loin d'être complétée.

Pour pouvoir expliquer le fonctionnement de la pensée, il nous faut absolument parler de la mémoire et de l'imagination car c'est sur elles que la pensée prend racines. La mémoire pourrait se décrire comme l'endroit où l'on emmagasine les souvenirs ou plutôt leurs images. Pour ce qui est de l'imagination, elle complète la mémoire de façon à rendre plus attrayants ces mêmes souvenirs. De plus, l'imagination a aussi la caractéristique de palier à toute défectuosité ou toute lacune de la mémoire. Les souvenirs imaginaires se fondent tellement bien avec ceux de la mémoire qu'il est quelques fois difficile de les distinguer.

L'expression de la pensée passe toujours par le stade que nous appellerons la verbalisation. Le fonctionnement de cette dernière fait appel à notre imagerie mentale (cérébrale) dont les caractères sont plus ou moins objectifs. Cette imagerie, tout comme le contenu de notre mémoire, dépend de notre personnalité, de nos habitudes, de nos préoccupations et, très souvent, de notre affectivité ou de notre sensibilité. Les données qui sont placées en mémoire sont généralement modifiées par l'imagination qui tend à déformer l'ensemble des données en majorant ou atténuant certains détails. Puisque le fonctionnement de l'imagination est différent pour chacun d'entre nous, il est donc normal qu'une même situation soit interprétée différemment suivant les individus. Chacun voit différemment ce qu'il a sous les yeux et l'emmagasine de façon personnelle.

Le réel, la réalité, est un mystère pour l'homme. En tant qu'entité pensante, nous ne voyons par le réel mais nous le reconstruisons en nous, à notre manière, sous l'influence de notre humeur ou de notre état d'esprit. Il est intéressant de noter que lorsque nous verbalisons notre pensée, la reconstitution que nous faisons est elle aussi différente du fait passé mais, en plus, elle est différente de l'imagerie mentale qui a donné naissance à la matière emmagasinée en mémoire.

L'explication qui précède, au sujet de l'imagerie mentale, prévaut aussi en ce qui concerne la conscience des faits ou de l'attention. Il vous est sûrement déjà arrivé de parcourir un livre plusieurs fois et de vous apercevoir qu'à chaque fois votre attention se porte sur un point différent. Il arrive même que vous reteniez quelques passages qui vous avaient complètement échappés la première fois. Chacune de nos lectures est personnalisée ou plus précisément inventée. Il en est de même pour tout acte dit conscient. Si, par exemple, quelque chose d'élémentaire manque dans l'enregistrement d'un fait (un mot mal écrit . . .) notre imagination suppléera automatiquement à ce manque. Quelques fois, cela va même beaucoup plus loin. Il arrive que nous projetions l'image que nous voudrions voir et que, comme par hasard, c'est celle que nous captons.

Il est surprenant de voir que nous percevons très souvent ce que nous désirons percevoir ou encore que nous percevons ce que nous avons en aversion. Une chose est certaine, ce n'est généralement pas la réalité car pour cela il nous faut avoir un état de conscience peu commun encore de nos jours; car l'imagination, par son influence sur la structuration de la pensée, nous fait vivre dans un état d'hallucination dont seulement quelques-uns parmi nous réussissent à plus ou moins bien s'en dégager.

Notre système nerveux reçoit constamment des sensations en provenance de l'extérieur par le truchement des sens. La plupart du temps, nous vivons perdus dans nos idées ou dans nos pensées, complètement coupés du monde. Nous sommes très peu conscients de nos sensations car nous vivons paisiblement avec nos habitudes qui nous endorment et nous empêchent de ressentir. Faites un examen personnel et essayez d'estimer le temps de conscience de la journée qui vient de passer. Bien peu d'entre vous êtes en mesure de vous rappeler les détails de la journée; alors comment espérer vous rappeler de vos moments d'intense lucidité, qui ne durent que le temps d'un éclair! Une prise de conscience totale est sans doute la seule façon d'assurer à tout notre être un équilibre et une hygiène mentale nécessaire à une bonne évolution car pour demeurer vivant ce dernier a besoin d'un contact étroit avec la nature qui l'entoure. L'environnement sous toutes ses formes est la source, la matière première, de notre pensée et par le fait même de notre évolution.

Nous faisons sans contredit partie de la nature. Sa vie est notre vie, ses bruits sont nos bruits et ses vibrations sont nos vibrations. J'écoutais récemment une cassette magnétique sur laquelle sont enregistrés certains bruits. Tous ces bruits proviennent de l'intérieur de notre organisme. Bien que je n'aie jamais eu l'occasion de les écouter directement, ils me semblent pourtant familiers. En fait, il est possible de reconnaître ces bruits dans beaucoup de choses qui nous entourent. Par exemple, les battements de cœur se retrouvent aussi bien dans un accompagnement musical que dans une station de pompage. De même, la circulation sanguine ressemblera-t-elle à l'entrée de cartes de programmation dans le lecteur de l'ordinateur.

Les bruits de notre corps ou de la nature, de par leur nature vibratoire, nous apportent généralement le calme et parfois même la guérison. La plupart d'entre vous connaissez sans doute les effets de détente des Mantras (nom générique donné à certaines syllabes dont la verbalisation produit une série de vibrations capables d'harmoniser certaines parties de notre organisme et de nous amener à l'état de détente plus ou moins total) utilisées en méditation transcendantale ou en Yoga. Leur action de détente sur l'organisme est si importante que l'on comprend facilement l'importance d'écouter, de percevoir et de ressentir la Vie dont nous faisons partie.

Pourquoi avons-nous fait si longtemps abstraction de ces bruits harmonieux qui nous entourent? Pourquoi croyons-nous que tout cela n'est que cacophonie? La cacophonie ne vient-elle pas de nous-mêmes, de notre corps qui nous exprime ainsi son désappointement face à notre façon de mener notre barque? Qu'est-ce qui a pu ainsi modifier notre façon de penser?

Voilà sans doute beaucoup de questions et bien peu de réponses, me direz-vous. Il n'est cependant pas nécessaire d'apporter de réponses à toutes ces questions car vous les détenez en dedans de vous. Il y a bien longtemps, vous perceviez tous ces bruits sans trop bien savoir d'où ils pouvaient provenir. Mais à cette époque de votre vie vous pouviez rire et pleurer avec la facilité d'un enfant. À cette époque vous étiez un enfant! Vous avez maintenant compris . . . Il vous faut redevenir ce petit enfant qui vivait une journée à la fois sans préjugés, qui aimait la vie et qui avait confiance en elle. Vous devez à nouveau regarder la vie sans les lunettes que vous imposent les contraintes sociales. Comment faire, demanderez-vous!

Pour cela, il faut tout simplement apprendre à regarder avec les yeux du cœur. Ne me demandez pas comment le tout fonctionne mais sachez que de cette façon vous saurez! Pour redevenir le petit enfant qu'il n'y a pas si longtemps vous étiez, il faut pouvoir s'ouvrir sur le Monde et s'émerveiller au réveil.

Tout notre corps doit réapprendre à sentir, à percevoir. Comme un changement à l'extérieur (corps) ne peut provenir que d'un changement intérieur, nous devons réapprendre à penser et surtout à entretenir des pensées de meilleure qualité.

Comment utilisons-nous notre pensée

Avant d'aller plus loin, il serait sans doute salutaire de nous attarder quelque peu à la définition et à la structure de la pensée. Quoi de plus personnel ou individuel que le cours de notre pensée. Nous seuls connaissons son fonctionnement ou ses réactions. Ce qui laisse indifférent beaucoup de gens peut être pour nous la source d'élaboration d'un schème profond de pensée. Comment pouvons-nous situer la pensée? Quelle est sa relation avec le cerveau?

Pour certaines personnes, le cerveau est considéré comme l'organe qui distingue l'homme du reste de la création. Il est pour ainsi dire à la base de l'évolution humaine. Pour d'autres, il n'est qu'un organe sophistiqué et extrêmement sensible. Qu'en est-il vraiment et comment peut-on le relier à la spiritualité? À cela peu de personnes pourraient répondre de façon catégorique. Tout au plus pouvons-nous avancer que la définition spiritualiste la plus appropriée est que le cerveau est le siège de l'activité consciente de l'homme et que c'est grâce à cette partie qu'il peut évoluer spirituellement en interprétant les raisons de son existence et son but. C'est aussi par cette partie consciente que l'homme doit accepter la présence divine et son aide. Très souvent, loin d'être un outil utile, le cerveau, ou l'intelligence qui y est associée, est la source de beaucoup de maux chez l'homme. Le problème réside dans le fait que le cerveau donne l'impression à, l'homme, d'être l'être supérieur mais cette supériorité (sur certains organismes) bien que réelle, est quand même très fragile. Nous pouvons même dire que plus le cerveau est développé, plus la zone d'équilibre ou de stabilité, chez l'humain, est étroite.

En résumé, disons que la pensée chez l'humain résulte d'un fonctionnement cérébral; elle comporte tout l'aspect matériel de l'imagerie mentale. L'enfant dont le cerveau est en état de maturation apprend à sentir et à imiter (exécuter des gestes) mais son cerveau lui procure, en plus, l'aptitude d'apprendre à penser. En même temps que se fait l'apprentissage social, nous apprenons à structurer nos images cérébrales et c'est à tort que nous opposons nos pensées à nos sensations et à nos gestes car, en fait, c'est d'eux qu'elles tirent leur essence et leur structuration. Les images qui composent les pensées sont une suite de structurations d'excitations et d'inhibitions variables dans le temps et l'espace.

Lors de notre apprentissage, notre environnement et l'éducation de notre milieu social influencent grandement notre façon de penser, et par le fait même notre façon d'apprendre à penser. Dès notre tout jeune âge, et sans vraiment nous en rendre compte, nous acceptons toutes sortes d'inhibitions qui tôt ou tard verront le jour sous forme de limitations. Dès le moment où nous décidons de vivre nos limitations, nous biaisons notre apprentissage. Plus nous vieillissons et plus il nous est difficile de démontrer de l'indépendance ou de l'originalité dans notre façon de penser. Notre milieu social réussit alors à nous retenir à tout un ensemble de préjugés et d'idées préconçues et ces mêmes idées nous empêchent d'évoluer et d'apprendre.

Les données de base dont se sert le cerveau pour opérer sont appelées sensations. Nous avons à notre service ou à notre disposition cinq sens (quelques personnes parleront de six!) qui fonctionnent de la même façon que les terminaux d'un ordinateur. Toute l'information de base provient de ces cinq sens. Cependant, nous devons nous rappeler que la sensation (information transmise au cerveau par les sens) n'est pas le monde réel mais son image en nous. De même, le geste n'est pas d'abord le mouvement mais le schème cérébral moteur de l'acte. De façon plus générale, nous pouvons dire que notre vie ne se compose que d'images que nous interprétons et que nous transformons, selon notre façon de penser, pour éventuellement construire «notre» réalité.

Une analyse du contenu des sensations met facilement en évidence leur subjectivité et nous permet de dire: je suis comme je me l'imagine! Pour la plupart des gens, cette imagination (que certains appellent la folle du logis), quand elle n'est que l'aspect incontrôlé du pouvoir d'imaginer, devient de fait la pensée. Vues sous cet aspect, nos pensées ne sont alors que des structurations sensorielles construites dans notre cerveau à partir des sensations, obtenues grâce aux sens, que nous avons le pouvoir d'évoquer au moyen de la mémoire. Il est à remarquer que cette structuration se fait en l'absence de signaux extérieurs. Tout ce qui nous passe par la tête n'est donc qu'un amalgame d'images provenant de sensations qui ont pu retenir notre attention et que nous avons personnalisées. Ces images, tout comme les sensations, sont nécessairement subjectives et notre interprétation, dite consciente, d'un fait ou d'une idée est, elle aussi, foncièrement subjective.

Pour mieux comprendre les bases de la pensée, il serait bon de s'attarder quelque peu sur la matière de la pensée c'est-à-dire les images cérébrales. Selon certains psychologues, nous avons deux moyens de penser: les associations d'images sensorielles et la verbalisation. Pour nous qui acceptons l'idée de la vie spirituelle, il existe un troisième moyen de penser qui dérive des deux premiers: l'association d'images à caractère positif sous l'influence de l'influx divin que l'on retrouve dans l'instinct. Ce troisième mode de penser, loin de faire appel aux sens, nie très souvent ce qui semble être trivial pour les sens. Sa structuration utilise cependant le même schème d'imagerie mentale. Nous aborderons ce sujet après avoir traité les deux premiers.

Les associations d'images sensorielles sont communes à la pensée animale et à la pensée humaine. Dans ce système, nous pensons avec les choses et les objets. Ce mode de pensée est très difficile à analyser car non transmissible. La seule façon de l'étudier serait de créer une machine pouvant projeter sur un écran les images qui constituent ce type de pensées. Aussi longtemps que ces pensées ne sont pas verbalisées (second mode) elles ne sont pas communicables. Chez l'humain, elles sont naturellement plus riches que chez l'animal principalement à cause de la supériorité de son cerveau et ce, notamment au niveau des zones d'association, de structuration. Essayer de prendre pleinement conscience de ce type de pensée signifie, à l'heure actuelle, que l'on doive la communiquer ou la traduire. Elle est alors déformée, dénaturée par le code du langage utilisé pour la traduire. Ce mode de penser se prête mal à l'abstraction et à l'idéation.

La verbalisation, quant à elle, n'existe qu'en tant que pensée humaine (bien qu'aujourd'hui certains spécialistes se posent la question au sujet de la verbalisation chez les animaux comme le dauphin par exemple). Il est en effet impossible de savoir ce que pense un enfant sauvage ou un sourd-muet aveugle non rééduqués. Ils pensent, et démontrent des signes évidents d'intelligence, mais ils ne peuvent exprimer leurs pensées. Ils ne peuvent communiquer, ils ne peuvent exprimer ni leurs nuits, ni leurs richesses intérieures. Ce deuxième mode de penser est celui qui nous est le plus familier. Tous, nous exprimons nos idées ou nos pensées en les verbalisant. Nous pouvons les révéler à haute voix ou encore les écrire mais cela demeure de la verbalisation. Dans tous les cas, nous faisons appel à un code de communication bien précis qui variera selon le mode d'expression que nous aurons choisi.

Ce code, aussi élaboré soit-il, ne pourra jamais reproduire fidèlement notre imagerie mentale car cette dernière est très riche en idées, en couleurs, en vibrations . . . C'est là la cause de bien des problèmes de verbalisation.

Ce code, aussi élaboré soit-il, ne pourra jamais reproduire fidèlement notre imagerie mentale car cette dernière est très riche en idées, en couleurs, en vibrations . . . C'est là la cause de bien des problèmes de verbalisation.

Une année, aussi riche en couleurs et en expressions soit-elle, ne sera présentée que suivant notre aisance à assembler les éléments d'un certain vocabulaire. Puisque ce dernier est intimement lié à notre éducation et à notre environnement, nous voyons déjà poindre les limitations ou inhibitions dans la communication mais aussi, par le fait même, dans la pensée. À mesure que nous acceptons ces limitations comme étant la «Réalité» dans notre vie, nous avons tendance à utiliser la voie facile, c'est-à-dire de ne penser ou de n'imaginer qu'à la mesure de notre capacité de communiquer. Notre faculté d'imagination prend l'habitude de s'attacher à des thèmes généralement véhiculés par nos proches; de cette façon, il nous est possible de nous insérer facilement dans une forme donnée d'organisation sociale. Dès lors, nous vivons dans le passé et nous mourons à l'évolution.

Pour la plupart d'entre nous, la vie n'existe que par des éléments du passé ou des problèmes du moment présent. L'irréel de l'imagination, ou l'imaginaire devient très souvent, pour nous, une bien triste réalité car lorsque notre imagination s'oppose à notre volonté, elle en sort généralement gagnante. De cette défaite découlent souvent la résignation et les déboires face à des faits accomplis. Mais encore une fois, ne fixons-nous pas trop notre attention sur les nuages noirs de notre vie et ne prenons-nous pas les effets ou conditions comme les causes? Pourquoi ne déciderions-nous pas d'interdire à notre imagination de nous faire du mal en régissant son schème de structuration? Nous savons tous qu'il est possible de se remémorer le passé sans sa version négative. Pourquoi ne pas essayer? Tout est possible à la condition d'y croire et de faire l'essai. Il ne faut pas se décourager à la lumière de la première embûche car la réussite ne revient de droit qu'à celui qui y croit et qui lui fait confiance!

Revenons, pour quelques instants, à la transmission de la pensée par verbalisation. Les mots et les sons que nous utilisons lors de la verbalisation font partie de catégories distinctes d'images cérébrales. Ils ne sont pas, et ne peuvent être, d'une autre nature que les images sensorielles, ou les images motrices, malgré le caractère abstrait de leur code. Le langage, ou les images sonores, si important soit-il, n'a pas une physiologie propre. Il consiste simplement à apprendre à entendre des vibrations que nous appelons sons et à les traduire en apprenant à reconnaître auditivement le code du dit langage.

Pour pouvoir traduire les sons que l'on entend, nous devons d'abord en concevoir la tonalité intérieurement, c'est-à-dire associer un geste sonore à un mouvement spécifique des muscles vocaux (cordes vocales). Le langage peut donc être considéré comme l'expression phonétique de l'ensemble des réflexes conditionnés construits au cours de la période de l'enfance. De même que l'image de notre corps, et de notre environnement, se constitue grâce à la synthèse des images fournies par les divers sens, les images verbales découlent d'un schème de structuration, appris par le cerveau en associant les images cérébrales auditives, auxquels s'adjoignent les images de l'écriture et de la lecture. Comme pour toutes les autres images, le passé fixé en nous ne dépend plus de nos sens mais dépend uniquement de notre capacité à nous le remémorer. Il peut cependant être évoqué de façon plus ou moins fidèle par l'entremise de l'imagination.

Qu'est-ce que l'imagination

L'imagination, notre langage intérieur, est le souvenir dont nous avons besoin pour penser. L'imagination peut être volontaire, mais le plus souvent elle se fait automatiquement sans que nous y veillions consciemment. Nous sommes ainsi, en principe, libérés pour penser sans avoir à nous soucier du mécanisme de la pensée. Puisque l'imagination est libre d'opérer sans contrôle, elle est aussi libre de porter à notre attention une série de faits qui peuvent nous induire en erreur.

Avant même que nous puissions exprimer une idée, l'imagination fait en sorte de nous fournir tous les éléments nécessaires à la verbalisation de l'idée ou de la pensée. Nous vocalisons les mots que nous pensons inconsciemment, conscients seulement d'exprimer ainsi notre langage intérieur. Tout cela nous porte à croire qu'il est impossible de dissocier la pensée de la mémoire ou de l'imagination. Ces dernières sont la seule porte d'accès aux souvenirs riches du passé et, sans ces derniers souvenirs, nous ne pourrions pas plus penser que sentir ou agir. Les souvenirs ne sont pas des idées abstraites, comme nous pourrions le penser, mais de chaudes images cérébrales pleines de la vie des sens et des gestes.

Arrêtons-nous quelques instants pour illustrer ce qui précède. Quand faisons-nous appel à notre mémoire? Eh bien toujours! Lorsque nous concevons ou exprimons une idée ou une pensée, nous le faisons grâce à une association subtile d'éléments de vocabulaire que nous ne pouvons utiliser que par le biais de la mémoire. Qu'arriverait-il si nous décidions de ne pas faire appel à cette faculté, ou si notre cerveau était trop embourbé pour l'utiliser? Ne vous est-il jamais arrivé d'utiliser les termes: je l'ai sur le bout de la langue.

En maintes occasions nous n'arrivons plus à extérioriser notre pensée parce qu'il nous manque un élément (mot) clé de la verbalisation. Que ce soit le nom d'une personne ou d'une chose, il semble que si nous ne parvenons pas à l'exprimer, nous ne pourrons pas compléter notre idée. Pour corriger cette situation nous cessons toute activité cérébrale normale pour nous consacrer à la recherche de l'élément manquant. Nous essayons, au moyen de l'imagerie mentale, de faire des associations d'idées, ou d'images, qui pourront nous permettre de retrouver la partie du vocabulaire qui nous manque.

Une telle recherche consciente est souvent la cause de l'échec car plus nous essayons de faire des relations d'images de façon consciente, moins notre imagination a la possibilité d'agir. Dans un tel cas, il faut apprendre à se taire (extérieurement), à ressentir et à interpréter notre langage intérieur. Le souvenir doit être perçu et non pas verbalisé.

Voici un deuxième exemple. Vous êtes-vous déjà demandé pourquoi vous faites un geste donné à un moment bien précis? Bien sûr que non, me direz-vous, puisque généralement il se fait de façon automatique! Lorsque nous parlons d'automatismes, nous parlons nécessairement d'une phase préalable de programmation et d'enregistrement de données. Mais d'où peuvent provenir ces données? Encore une fois, c'est dans l'enfance que nous pouvons trouver la réponse. L'expérience acquise durant notre jeunesse est la source de beaucoup d'automatismes qui gèrent notre vie aujourd'hui.

Le corps humain doit poser des milliers d'actes à chaque jour. En être pleinement conscient est impensable. Tout ce qui n'est pas d'un intérêt intellectuel est souvent relégué à la fonction végétative, automatique de notre système. Pourtant, lorsqu'une des fonctions vient à mal fonctionner, elle devient consciente, extrêmement accaparante et surtout pénible. Par exemple, nous ne soignons notre cœur que lorsqu'il se met à faire défaut. Ce n'est qu'à ce moment précis, et hélas il est souvent trop tard, que nous prenons conscience de tous les mauvais traitements que nous lui infligeons. Il en est de même pour tout notre système que ce soit la digestion, les sens ou encore les éléments locomoteurs. Comment réagissons-nous lorsqu'enfin nous prenons conscience du problème?

Que nous le voulions ou non, nous devons apprendre à reprogrammer le système défectueux. Pour le cœur, par exemple, cela pourrait se voir sous la forme d'une conduite plus sobre ou encore par une vie plus équilibrée où l'effort physique, bien que présent, doit être soigneusement dosé. Tout ce que nous faisons par expérience, nous devons le remettre en question car l'expérience que nous vivons, dès lors, modifie totalement notre façon d'évaluer les variables de l'existence.

Revenons maintenant à la mémoire. La mémoire peut être considérée comme l'élément essentiel de l'Être car sans elle: nul souvenir du passé et aucune expérience de vie. Nous pouvons dire de la mémoire qu'elle est l'instrument qui nous permet d'avoir présents, en nous et à tout moment, des souvenirs évocables de façon plus ou moins réfléchie. L'homme est foncièrement un animal capable, grâce à la mémoire, de préparer son futur par le biais d'associations des éléments du passé. Il est, comme tout être en formation permanente, un être qui apprend à mieux être. Au risque de sembler me contredire, je dirai que l'homme n'est pas les conditionnements de son passé; mais il est incontestablement l'utilisation de son expérience passée dans la réalisation du progrès d'aujourd'hui où il continue de former son expérience.

L'homme, contrairement à beaucoup d'autres créatures de l'univers, n'a pas appris à être mais à être plus car il a cette faculté intangible qu'est la capacité d'apprendre à apprendre. Le présent riche du passé, et non pas titulaire du passé, est un complément nécessaire de ce passé; passé qui contribuera à alimenter le futur qui est appelé à devenir le nouveau présent.

Puisqu'il est clair que le passé fournit les meubles du présent et de l'avenir, il nous faut faire en sorte que ce passé ne regorge que de bons souvenirs. Il faut se rappeler aussi que c'est avec ces souvenirs que nous meublerons nos pensées et que nous serons demain. Bien vivre le moment présent pour préparer celui qui vient, n'est pas autre chose qu'un Art de vivre qui n'a pour but que la formation de l'être.

Pour résumer ce qui précède disons que la présence du passé, en nous, dépasse ce dont nous pouvons prendre conscience. Un souvenir lié à une expérience désagréable tend à être refoulé, à être rejeté du niveau conscient. Au contraire, un souvenir lié à une expérience agréable sera sans doute exalté, remémoré, amplifié. Dans les deux cas, notre attitude est mauvaise car s'il s'agit d'un souvenir agréable, il sera tellement modifié que la réalité nous paraîtra dure, voire inhumaine. Pour ce qui est du souvenir désagréable, des manifestations indirectes témoigneront de sa présence refoulée (souvent sous forme de maladie).

Tous les évènements de notre vie, loin d'être des perceptions, ne sont en fait qu'une image cérébrale dont les caractères sont plus subjectifs qu'objectifs. Cette imagerie mentale dépend de notre personnalité, de nos habitudes, de nos préoccupations et de notre état d'esprit du moment. De plus, la clarté de chaque image est reliée au degré d'attention que nous lui avons consacré. À moins de vivre à un niveau de conscience très élevé, toute la Réalité est déformée et plusieurs détails sont amplifiés. Chacun de nous voit, et retient, ce qui se passe devant ses yeux de façon différente, de façon personnelle.

Nous ne voyons pas le réel; nous le reconstruisons en nous à notre manière. Quand ce réel va se restructurer en nous dans le rappel du souvenir, il s'agira encore une fois d'une reconstruction imaginaire qui ne sera pas identique à ce que nous avions imaginé à l'origine. Tout comme lors de l'enregistrement, notre état d'esprit ou notre humeur nous feront lire l'imagerie mentale de façon différente. Cet aspect très grave revêt une importance primordiale dans notre vie et s'avère toujours vrai. De même, ce que nous faisons au jour le jour est personnalisé ou plus précisément inventé. Nous voyons souvent comme nous souhaitons voir. Ne dit-on pas qu'il n'y a pas de pire aveugle que celui qui ne veut pas voir et de pire sourd que celui qui ne veut pas entendre? Eh bien, si c'est à cette réalité imaginaire que nous accordons toute notre confiance, notre façon de penser ressemble alors singulièrement à celle de ce sourd ou de cet aveugle.

Penser spirituellement

La manière spirituelle de penser diffère totalement des deux autres types car elle ne s'alimente pas des illusions mais se nourrit plutôt d'influx divin. À toute "réalité" elle associe l'idée d'un état parfait, d'un état divin. Cette façon de penser se compose, elle aussi, d'images cérébrales mais ces images, sans exception, sont la représentation d'un idéal que nous désirons voir se réaliser dans notre vie. L'imagerie mentale dont il est question ici est beaucoup plus en relation avec l'ensemble du corps que dans les deux autres types ou modes de penser. Je m'explique.

Tout comme dans les autres modes de penser, où nous considérions le cerveau comme la base de toute activité psychique, de l'imagination et de la pensée, nous considérerons que chaque cellule de notre corps participe pleinement à l'élaboration de notre pensée. Cette proposition n'enlève pas la suprématie au cerveau en ce qui concerne l'intelligence mais elle sous-entend simplement que l'homme, ou l'Être en lui, n'est pas limité à ce seul organe. L'homme est un être Total.

La communication se fait grâce à notre corps: de l'atome le plus simple à l'organe le plus sophistiqué. En d'autres mots, cela signifie que chaque partie de notre être est totale et participe pleinement à toutes nos activités. Lorsque nous pensons, c'est avec tout notre corps que nous le faisons. Bien que chaque cellule de notre corps soit spécialisée, il n'en demeure pas moins qu'elle est une entité complète par elle-même dans le corps que nous habitons. Sa vie bien que reliée à la nôtre, n'en demeure pas moins particulière, individuelle. Tout comme la Terre dans l'univers, la cellule est une partie de nous, mais n'est pas nous et nous ne sommes pas elle.

Si nous supposons que l'on puisse communiquer par le biais de notre corps, n'est-il pas logique de croire que l'on puisse apprendre par la même voie? Et que pouvons-nous apprendre de notre corps si ce n'est notre raison de vivre! Nous sommes sur la Terre, incarnés sous une forme bien précise, car c'est la forme que nous avons choisie pour nous permettre d'évoluer. Ne serait-il pas temps de nous en servir de la bonne façon?

Il ne faudrait pas vous méprendre sur ce qui précède car loin de moi l'idée de vouloir prétendre que nous devions accepter nos défauts, nos infirmités ou nos maladies. Il va de soi qu'un être animé de l'esprit divin ne peut avoir qu'un corps divinement parfait. L'étape des déboires n'est pas obligatoire, ni même nécessaire, pour que nous puissions évoluer mais comme je l'ai déjà mentionné: la vie se charge de nous faire comprendre ce que nous refusons trop souvent d'apprendre! En effet, nous sommes créés libres et à l'image de Dieu. Notre but sur Terre est de parvenir à sa ressemblance. Au lieu de cela, et pour diverses raisons, nombreux sont ceux qui ne recherchent que le plaisir physique. La clé de leur salut devient ainsi la clé de leur perdition. C'est pourquoi tant de personnes ont dû toucher le fond du baril avant de comprendre qu'elles devaient changer leur façon de vivre et de penser.

Notre corps est la seule attache que nous ayons avec le monde extérieur, avec la réalité physique. Par lui, nous pouvons percevoir, ressentir et communiquer. De lui nous viennent toutes nos expériences. Le corps physique existe pour permettre à l'entité spirituelle que nous sommes, d'acquérir des expériences physiques. Pour ceux qui croient à l'Unité de l'univers, il est facile de comprendre que nous faisions tous partie du Grand Mental Universel. Dans le même ordre d'idées, nous pouvons dire que notre corps n'est que la projection de l'idée mentale, que nous en avons, sous une forme matérielle. J'ai bien dit conforme à l'idée et non pas à notre désir, très souvent indéfini, que nous en avons. L'idée qui veut que le corps physique soit une projection d'une image mentale, sous-entend qu'un changement physique ne peut se faire qu'en harmonie avec le monde intérieur. Le changement, quel qu'il soit, ne peut s'opérer que grâce à un changement profond de notre façon de penser.

Le corps est cependant beaucoup plus qu'une représentation graphique, donc statique, d'une idéologie mentale. Il est l'instrument par lequel nous pouvons et nous devons réapprendre à apprendre. Un instrument, aussi perfectionné soit-il, se doit d'être en parfait état de marche pour assumer toutes ses fonctions. Il est donc d'une importance capitale que nous aimions notre corps, notre Éducateur. Aimer notre corps signifie avant tout savoir s'accepter, de savoir s'aimer. Si nous refusons de bien traiter notre corps, ce dernier criera bien vite son désespoir et exigera, sur le champ, une attention de tous les instants qui perturbera tout notre schème de pensée.

Pour retrouver un corps sain, il faudra alors bien le traiter. Rappelez-vous cependant que tout ce travail pourrait être évité si nous apprenions à prévenir plutôt que guérir!

Bien que ce livre ne soit pas un cours de santé physique, permettez-moi de vous donner quelques conseils à ce sujet car un esprit sain se retrouve plus facilement dans un corps sain ou encore; il est plus facile de voir la vie positivement lorsque tout va bien. Des soins hygiéniques de base, une alimentation équilibrée et surtout une activité physique proportionnelle à l'alimentation, voilà qui résume bien nos devoirs envers notre corps. Loin de moi l'idée de vous dire de vous priver d'un bon plat. Cela n'est pas nécessaire si vous veillez à éliminer les calories de surplus par une activité physique appropriée.

Il faut se rappeler que, même pour le corps, la loi de l'usage s'applique. Comme tout ce qui n'est pas utilisé s'atrophie, il faut permettre à notre corps de faire régulièrement de l'exercice de façon à le maintenir alerte. La question n'est pas de savoir si nous devons ou non perdre du poids; il s'agit simplement de redonner à notre corps la souplesse et la sensibilité du temps de l'enfance. Ce processus de re-sensibilisation nous permet de nous redécouvrir et de réapprendre à penser. Le corps est donc pour nous à la fois un vaste champ d'exploration et un signal d'alarme lorsque nous refusons de faire notre travail de bon agriculteur. Nous devons d'abord apprendre à semer et ensuite à récolter le fruit de notre existence.

Tout comme au fil des ans nous avons délaissé notre corps au profit d'expériences physiques, nous avons de même négligé d'utiliser la Puissance Universelle qui est en chacun de nous. Notre pensée s'est lentement centrée sur le monde physique, sur le monde de l'illusion. Mais l'illusion n'est pas dans l'objet mais plutôt dans l'interprétation que nous donnons de la chose. La chose en elle-même n'est ni bien ni mal, seule notre interprétation la charge d'éléments affectifs positifs ou négatifs. Comment alors pouvons-nous redresser notre interprétation ou simplement réapprendre à penser spirituellement?

La solution nous vient partiellement de notre corps, de notre volonté et de la Vie. Tôt au tard, dans cette vie ou dans une autre, nous sommes forcés de prendre nos responsabilités face à notre évolution. Voyons tout d'abord le rôle du corps et de la Vie dans notre évolution spirituelle, dans notre façon de penser.

La plupart d'entre nous avons grandi dans un milieu social favorable à une idéologie ou une doctrine bien particulière. Depuis la plus tendre enfance, cette idéologie a servi de base de référence à notre éducation. Avec l'éducation viennent cependant les tabous et les préjugés car, que nous le voulions ou non, notre façon de penser est nécessairement liée à tout cet enseignement. Chaque fois que nous faisons usage de notre pensée, et nous le faisons tout le temps, les images qui la compose proviennent de toute cette charge affective qui remplit nos automatismes, automatismes programmés par l'éducation que nous avons reçue. Aussi longtemps que nous demeurons sous l'influence des souvenirs du passé, notre pensée, loin d'être libre, sera toujours dirigée par eux.

Il est bon de noter que le corps que nous avons choisi pour vivre notre existence terrestre n'est pas nécessairement en symbiose avec la forme d'existence que lui réserve notre éducation ou notre façon de vivre et de penser. Lorsque c'est le cas, le corps se révolte par divers moyens comme, par exemple, la maladie. Quand je dis le corps, ce n'est pas tout à fait juste. Il s'agit plutôt de la réaction, sur le corps, de la révolte de l'entité spirituelle. Cette réaction corporelle nous permet de prendre conscience des erreurs fondamentales que nous commettons.

Il arrive bien souvent que nous soyons forts préoccupés par des évènements de notre vie. Ces évènements peuvent parfois même sembler insurmontables. Pourtant, ils ne sont pas la réalité car nous les regardons au travers d'un prisme qui déforme leur essence de la même manière que des lunettes de soleil atténuent, pour nous, la brillance du soleil. Il est indiscutable que les lunettes n'ont aucun effet sur le comportement du soleil mais elles modifient notre compréhension du phénomène. De la même façon, si nous nous entêtons à conserver ces lunettes à l'intérieur de la maison où nous habitons, il ne faudra pas nous étonner si la lumière nous semble nettement insuffisante! Si ce problème nous préoccupe, ne serait-il pas plus simple d'enlever ces lunettes que de maudire l'obscurité?

Eh bien, dans notre vie, ce prisme ou ces lunettes ne sont nul autre que notre liberté d'interprétation des phénomènes. Nous pouvons chercher à résoudre les problèmes par des artifices ingénieux mais nous pouvons faire beaucoup mieux! Nous pouvons utiliser notre capacité ou notre liberté d'interprétation pour refuser d'accorder tout crédit à la réalité d'existence du dit problème. La plupart des gens pourraient s'éviter beaucoup d'ennuis s'ils voulaient bien s'arrêter un peu et délaisser, d'une certaine façon, le monde matériel ou du moins lui accorder une importance bien relative.

Qu'arrive-t-il lorsque nous refusons systématiquement de voir la Vérité au profit de l'illusion? Comme nous l'avons déjà vu au début de ce chapitre, l'influx négatif est secrètement conservé au-dedans de nous, à un niveau de conscience très bas. Un jour ou l'autre, ces éléments négatifs refoulés ressortent sous formes de perturbations telles les névroses ou les maladies. Quelques fois même, ces éléments se présentent sous la forme d'accidents ou de problèmes familiaux ou sociaux. Dans tous les cas, la Vie cherche à nous faire comprendre la Vérité car il ne s'agit pas seulement de vivre l'expérience, encore faut-il pouvoir en extraire le "fruit" sans lequel l'expérience n'a aucun sens.

S'il arrivait que nous passions outre le premier avertissement, le second est beaucoup plus sévère et ainsi de suite jusqu'à ce que nous ayons enfin accepté de comprendre. Tout comme moi, vous avez sans doute déjà entendu certaines personnes dire: «j'étais au fond de l'abîme, je n'avais plus rien à perdre!". Lorsque rendues à ce stade, les personnes en question sont généralement prêtes à remonter la pente car elles ont alors compris la futilité de leur existence jusque-là. Mais était-ce nécessaire d'en venir là?

J'ai mentionné que l'on peut changer notre façon de penser par la volonté (et non pas par la force de volonté). J'aimerais aborder un sujet qui fait appel à cette volonté et qui est souvent confus dans l'idée des gens. Il s'agit de distinguer la différence qui existe entre "penser spirituellement" et "penser positivement". Au premier abord, il peut sembler que ce soit deux termes synonymes mais il n'en est rien. Disons tout d'abord que penser spirituellement inclue la pensée positive mais que l'inverse n'est pas nécessairement vrai. Vous me ferez remarquer, et vous avez tout à fait raison, que toutes les pensées sont créatrices et donc par le fait même dans les deux cas le résultat est le même.

La différence, ici, ne se situe pas dans l'aspect créateur de la pensée mais plutôt dans l'usage que nous en faisons. La plupart des personnes qui se disent positives expriment par là le fait qu'elles essaient de voir le côté positif des évènements qui affectent leur vie. C'est bien mais je dirais que ce n'est pas assez car la plupart du temps elles se contentent de subir durant toute leur vie. Par exemple, une personne qui se dit heureuse dans la maladie "parce qu'elle lui vient de Dieu" pourrait quand même être considérée comme une personne positive. Vous serez tous d'accord pour dire qu'elle utilise bien mal son pouvoir de créativité. Bien au contraire, si elle pensait spirituellement, elle chercherait à éliminer de sa vie ce qui n'est pas en harmonie avec son Soi. Elle pourrait ainsi programmer son existence à sa façon et surtout ne plus avoir à la subir.

Tous, à un moment ou à un autre de notre vie, nous ressentons le besoin de transformer, de changer notre vie ou tout simplement de nous accomplir. Ce concept est assez simple à expliquer car après avoir répété les mêmes expériences durant de nombreuses années, nous voulons découvrir tout ce qui est demeuré dans l'ombre de nos attitudes mentales. L'homme, comme nous l'avons déjà mentionné, est né créateur libre et en tant que tel il peut exercer son droit de liberté pour guider sa vie comme bon lui semble. Celui qui accepte consciemment d'évoluer selon la volonté du Père fait abnégation de son droit de refus. Il n'en pratique pas moins la liberté et de la même façon que tous ses frères il devra, lui aussi, apprendre à mieux penser ou à penser spirituellement car il sait fort bien au fond de lui que la pensée positive n'est que le début du voyage qui le mènera à l'entendement spirituel. Pour une telle personne, l'apprentissage est relativement facile; cependant et curieusement, il y en a très peu qui prennent cette voie!

Pourquoi est-il si difficile de penser spirituellement

La raison principale est sûrement cette activité négative et désordonnée de l'imagination qui s'installe aisément en chacun de nous et que nous appelons le doute. Le doute est inhérent aux réalisations spirituelles car le penseur spirituel ne saura jamais si la réalisation ou la démonstration qui vient de s'accomplir est due à son intervention ou bien si le tout se serait produit de toute façon. Tant et aussi longtemps que l'homme n'aura pas passé le stade du doute, il ne pourra pas se réaliser pleinement et sa conviction dans ses réalisations ne sera que bien faible.

Aussi étrange que cela puisse paraître, il semble plus facile pour l'homme de douter de tout ce qui peut lui apporter une certaine forme de satisfaction que de ce qui lui apporte des problèmes. N'entendons-nous pas trop souvent l'expression "c'est trop beau pour être vrai". Et malheureusement n'entendons-nous que trop rarement "c'est trop négatif ou mal pour être vrai". À cause de notre éducation, nous sommes prédestinés à ce genre de réflexions qui ne font que nous attacher plus solidement à la notion du mal qui envahit le monde. N'est-il pas curieux de voir qu'une telle notion, qui pourtant n'a aucune réalité en soi, ait pris une si grande place dans notre vie? N'est-il pas temps d'écarter les nuages dans le ciel pour enfin retrouver la lumière du soleil ou de refuser d'accorder toute crédibilité au mal pour enfin percevoir le Bien qui nous entoure?

Pour l'homme qui cherche à évoluer et à changer par le fait même sa façon de penser, le temps constitue un obstacle majeur dans sa progression. Pensez à votre façon de voir les choses dans la vie. Une étude bien sommaire vous montrera très rapidement que vous reliez toujours un acte à un espace-temps bien défini et dont la réalité est immuable. En d'autres mots, les hommes ont tendance à prendre pour acquis que le temps n'est pas une variable mais bien une constante dans leur vie. Lorsque quelque chose de grave se produit, nous regardons la scène de façon impuissante parce que tout, semble-t-il, vient de s'accomplir. C'est bien mal connaître la Puissance Universelle que d'entretenir de telles pensées! Pour cette Force ou cette Puissance Créatrice rien n'est impossible car le temps n'est pas à proprement parler une réalité. Peu importe la gravité de ce qui s'est produit, la Puissance pourra toujours y apporter une correction si tel toutefois est notre désir!

Pour l'homme qui cherche, il manque toujours du temps pour se réaliser. Comme disait un ami administrateur: j'aimerais que le tout soit complété pour hier! Bien entendu, une telle expression vous fait sûrement sourire car elle exprime toute l'absurdité contenue dans le fait de vouloir revenir en arrière dans le temps ou de vivre dans le passé. Pourtant, sans vouloir revenir en arrière, nous avons tous à un moment donné un peu cette attitude.

Vous êtes actuellement âgés de 20, 30 ou 50 ans peut-être et vous voudriez changer votre vie instantanément! Soyez un peu réalistes! Vous avez vécu d'une certaine façon depuis des années et vous pensez pouvoir tout lâcher d'un seul coup! J'entends souvent dire de certaines personnes qu'elles aimeraient chanter comme un certain artiste ou encore être comme un tel sportif. Il semble presqu'impossible d'y croire mais ces personnes ne réalisent pas que tous ces gens pratiquent depuis des années et cela souvent de façon très ingrate et avec force de travail. N'est-il pas normal qu'elles récoltent ce qu'elles ont semé depuis tant d'années? Serait-ce normal que vous abandonniez vos cours de piano parce qu'après la première leçon vous n'êtes pas devenue un virtuose?

Bien sûr que non me direz-vous. Alors, pourquoi ne pas laisser au moins une chance à cette nouvelle idéologie de s'installer en vous? Donnez-lui le temps nécessaire; celui que vous croyez être nécessaire car la modification au-dedans de vous peut se faire instantanément mais elle peut aussi prendre beaucoup plus de temps. Cela ne dépend uniquement que de vous car il vous suffirait de prononcer une seule fois le mot Dieu en comprenant toute sa signification pour que la lumière divine vous envahisse. Cependant, il vous sera toujours fait selon vos croyances; pour réussir il vous faudra essayer jusqu'à ce que vous soyez convaincus de la Réalité de votre union avec la Puissance Universelle mise à votre disposition par «l'Être Suprême».

Comment apprendre à penser spirituellement

Comme nous l'avons déjà vu, penser spirituellement est plus qu'une association d'idées ou d'images. Penser spirituellement c'est avant tout une manière de vivre ou une façon d'aborder la vie. Pour pouvoir apprendre à penser spirituellement, il faut d'abord connaître le processus de la formation de la pensée et ensuite faire en sorte d'appliquer cette connaissance dans notre vie pour répandre la joie en nous et autour de nous ou plus simplement laisser Dieu. notre Père, s'exprimer à travers nous.

Dans le domaine du créativisme spirituel, nous croyons que nous sommes pleinement responsables de notre existence ou autrement dit que tout nous vient de l'intérieur. Si cette proposition est vraie, nous pouvons supposer que c'est à l'intérieur de nous que nous trouverons comment apprendre à penser spirituellement.

La période de l'enfance est celle où bien involontairement nous avons codifié les images sensorielles que nous percevions de façon à élaborer à partir d'elles notre manière de penser. Il est donc fort probable que pour apprendre à penser spirituellement, nous devions avoir recours à une seconde période de codification (ou décodification) ou de reprogrammation. La validité d'une remise en question bien élaborée n'est pas ici mise en doute et peut, pour certaines personnes, s'avérer suffisante. Cependant, pour beaucoup d'autres, il en faut beaucoup plus. Il serait bon de revoir brièvement les étapes critiques de notre première codification. Je suis sûr que nous y retrouverons tous les éléments pouvant nous permettre de penser spirituellement ou du moins de prendre l'habitude de le faire dans les moments de forte tension.

Bien que ce qui suit ne fasse pas à proprement parler partie de la période de codification, j'aimerais attirer votre attention sur l'importance de la période de la fécondation ainsi que de celle de la gestation. Peut-être de cette façon y aura-t-il à l'avenir, des naissances spirituelles!

Voyons tout d'abord la conception. La plupart des parents qui désirent donner la vie à un enfant n'ont aucune idée de l'enfant en question si ce n'est qu'il devra leur ressembler. À la rigueur, il arrive parfois qu'ils préfèrent avoir un garçon ou une fille et sur ce sujet, il est très rare d'avoir une entente entre les parents. L'enfant qui est désiré, peu importe la façon, a de grandes chances d'être heureux; ce qui n'est malheureusement pas toujours le cas pour celui qui arrive «par accident». Sans vouloir insister sur la responsabilité des parents, cette condition ne devrait jamais se produire, pas plus que l'avortement d'ailleurs. Dans un tel cas, la seule façon que nous ayons de corriger la situation c'est d'aimer et de désirer ultérieurement cet enfant en l'acceptant totalement. De toute façon, rappelez-vous bien une chose: si les parents ne choisissent pas l'enfant, ce dernier les choisit. Il les choisit en tenant compte de leur situation socio-économique ou encore des possibilités d'éducation qui lui permettront de s'accomplir totalement, pour ne citer que ces deux exemples.

Bien que l'Homme soit d'essence divine, son mode de reproduction a tendance à le maintenir à un niveau plus matériel que spirituel. Comment pourrait-il en être autrement me direz-vous. Eh bien, les parents peuvent attirer à eux, s'ils le veulent, des enfants promis à une grande évolution spirituelle. Ensuite, les parents auront le devoir de guider ces enfants durant la phase critique de l'apprentissage. Comment est-ce possible? Les parents doivent concevoir l'enfant spirituellement avant de le concevoir physiquement. La conception doit se faire dans l'amour et la joie car l'amour, lorsque laissé libre, n'est pas source d'entrave mais bien source de joie.

La femme, lors de la conception, se doit, dans sa pleine conscience, d'offrir son corps sur l'autel de la naissance en le destinant à nourrir l'enfant, à présenter l'enfant-Christ au monde. Elle doit nourrir l'enfant physiquement mais elle doit aussi le nourrir spirituellement car elle est le seul lien par lequel l'enfant maintient le contact avec la Puissance Universelle. Telle est la véritable conception. Quand elle est effectuée de manière spirituelle en pensées et en actes, l'enfant n'est pas conçu dans le négativisme. Il est pur, sacré et conçu de Dieu et né de Dieu. Il est celui duquel nous dirons qu'il est l'image, la ressemblance et le

Christ de Dieu dans le monde. Nous avons un bel exemple en Jésus de Nazareth que nous appelons le Christ.

Un tel enfant, ainsi conçu, ne passe plus par le processus des vies successives car seules les pensées physiques font qu'un enfant naît dans le monde physique et se trouve obligé d'endosser les pensées physiques du «péché» (négativisme) et de discorde de ses parents. C'est en fait la seule raison qui rend nécessaire une nouvelle naissance lorsqu'il ne parvient pas, par lui-même, à parcourir le bout de chemin qui lui manque sur la route de l'évolution.

Mais revenons maintenant à notre apprentissage. Les premières années de l'enfance sont les plus précieuses et souvent les plus gaspillées de notre vie. Pour beaucoup de personnes, un bébé est en quelque sorte un idiot qu'il faut éduquer. Quoi de plus faux! Le jugement que nous portons à l'égard de cet être, minuscule physiquement mais notre égal spirituellement, est souvent basé sur ses capacités à s'incorporer à notre structure sociale. Un tel raisonnement n'a pas plus de sens que dire qu'une personne ne parlant pas la langue de notre pays est une idiote ou une illettrée.

Dès sa naissance, le bébé doit s'efforcer d'imiter le comportement humain. Plusieurs études scientifiques ont révélé que l'enfant dès sa naissance peut, par la force de ses petits bras, soutenir facilement son poids. Le relâchement physique ne se fait que graduellement, dans les jours qui suivent, pour plaire aux parents et accepter sa première leçon de comportement qui vise à devenir dépendant d'une source extérieure. Bien avant sa naissance, l'enfant communiquait avec la mère. Pourquoi ne pourrait-il en faire tout autant après sa naissance? La raison est bien simple: avant, la communication se faisait par communion d'esprit et non pas par le langage ou tout autre code de communication. Ne connaissant pas consciemment notre langage ou notre vocabulaire, le bébé ne peut pas exprimer ses idées mais il n'en demeure pas moins qu'il comprend, ou plutôt ressent, ce que nous cherchons à lui communiquer. Lorsque l'enfant ne nous écoute pas, c'est qu'il est occupé à découvrir, à prendre conscience du monde qui l'entoure. Dans tout ce qu'il fait, l'enfant cherche premièrement à se découvrir dans son corps et dans son environnement immédiat et ensuite cherche à découvrir les autres, ses frères spirituels.

Regardez un bébé. Qu'est-ce qui vous frappe le plus au premier abord? C'est en effet l'absence de méchanceté ou encore la sensation d'amour illimité qui se dégage de ce petit être. Regardez-le encore quelques mois plus tard. L'éclat de l'amour est bien souvent terni. Il commence à se refermer sur lui-même et prend sa deuxième leçon de comportement qui introduit chez lui le doute et la méfiance. Bientôt, il aura perdu sa capacité d'exprimer l'amour qu'il détient en lui et avec elle s'envole la tranquillité et la paix. Il acquiert au fil des jours les mêmes attitudes de comportement que celles détenues par les personnes de son entourage: qu'elles soient bonnes ou mauvaises, positives ou négatives.

Quand pourra-t-il parler, marcher ou évoluer; eh bien cela dépend de la conception qu'ont les parents du facteur temps. Laissé à lui-même, l'enfant n'évoluera que très peu; mais cela n'enlève rien au fait que l'enfant soit capable de se déplacer ou de communiquer à l'âge de 6 mois par exemple.

En fait, dès que ses fonctions physiologiques le lui permettent, il est apte à s'exécuter de façon indépendante. Un retard ne peut être causé que par un accident ou par des interférences psychologiques. C'est un fait bien connu que des parents de tempérament nerveux auront tendance à avoir des enfants agités ou susceptibles d'être malades plus fréquemment que normal (ex: accès de fièvre). Il est donc d'une importance primordiale d'assurer à un enfant un milieu lui permettant de s'épanouir totalement.

Avant d'aller plus avant dans la progression de l'éducation de l'être humain, regardons ce que dit, au sujet des enfants, Khalil Gibran dans son merveilleux livre "Le Prophète".

> *"Vos enfants ne sont pas vos enfants. Ils sont les fils et les filles de l'appel de la Vie à elle-même. Ils viennent à travers vous mais non de vous . . . Vous pouvez leur donner votre amour mais non point vos pensées, car ils ont leurs propres pensées. Vous pouvez accueillir leurs corps mais pas leurs âmes . . . Vous pouvez vous efforcer d'être comme eux, mais ne tentez pas de les faire comme vous. Car la vie ne va pas en arrière, ni ne s'attarde avec hier. Vous êtes les arcs par qui vos enfants, comme des flèches vivantes, sont projetés. L'Archer voit le but sur le chemin de l'infini, et Il vous tend de sa puissance*

pour que Ses flèches puissent voler vite et loin . . . de même qu'il aime la flèche qui vole, Il aime l'arc qui est stable".

Le Prophète, pp 19-20, Éditions Casterman, 1956

Ce texte résume très bien l'attitude que nous devons adopter face à nos enfants mais en plus, il nous instruit sur la raison de notre existence. Ce qui est dit de nos enfants est aussi valable pour nous qui, il n'y a pas si longtemps, en étions. Le rôle de la reproduction n'est pas de mettre au monde des êtres qui vont errer au hasard et sans but. Au travers de notre progéniture, la Vie ou la Nature Divine s'exprime dans le monde et permet à celui-ci d'évoluer. Tout comme les expériences passées dont nous nous servons pour progresser, de même pour nos enfants, nous constituons leur passé et leur point de départ. Au lieu de leur suggérer nos idées négatives, pourquoi ne laisserions-nous pas leur mode de penser s'épanouir. Ne serait-ce qu'à cause de cela, la Vie ainsi que vos enfants et vous-mêmes aurez progressé sur le chemin de l'évolution.

Ce poème nous rappelle aussi la nécessité de ne garder du passé que le fruit de l'expérience. Rien ne sert de s'appesantir sur des évènements du passé qui de toute façon sont morts et bien morts. Peu importe leur gravité, il ne nous reste qu'à espérer pour l'avenir en vivant au maximum le moment présent. Il a souvent été écrit que Dieu, notre Père, a un but tracé pour tout le monde et qu'il en a un qui nous convient particulièrement. Dans ce texte, nous retrouvons la même idée lorsque l'Archer (Père) voit le but sur le chemin de l'infini (de l'évolution). L'Archer aime les flèches, mais il aime aussi l'arc qui est stable. Nous pouvons y voir ici un rapport direct avec notre attitude mentale et notre comportement. L'homme, qui vit en harmonie et en paix avec lui-même, vivra en harmonie avec son environnement mais aussi avec ses enfants. Il pourra leur donner le meilleur de lui-même et par le fait même recevoir le meilleur de lui-même, car l'amour réclame l'amour. L'harmonie, la stabilité dans nos pensées, ne pourra qu'encourager les mêmes vertus chez l'enfant qui s'accoutume au monde.

En général, nous pouvons dire que l'évolution fait partie de la Vie et que lorsque nous commençons à piétiner, souvent la Vie nous permet de reprendre notre marche grâce à nos relations avec des êtres qui n'ont pas encore figé leur façon de penser. Tant et aussi longtemps qu'ils demeureront dans cet état, leur pensée sera vivante et très flexible. Tout leur est alors permis à condition qu'ils veuillent bien y croire.

Revenons à notre apprentissage et à notre éducation. Lors de la découverte de notre monde, soit dans les premières années de notre vie, nous sommes sans cesse confrontés à des situations qui amènent des remarques négatives; ne fais pas ci, ne fais pas ça, tu vas te faire mal . . . Telles sont les phrases que nous entendons le plus souvent. L'endoctrinement négatif est commencé et nous apprenons ainsi à visualiser le mal, le danger, le doute, la peur, pour ne nommer que ces quatre-là. Beaucoup de personnes vont même jusqu'à oublier que le bien, le beau et le bon existent et qu'ils se doivent d'être communiqués.

Qu'est-ce que cela donnerait? Eh bien, cela procurerait à l'enfant que nous sommes une base de structuration de sa pensée qui serait positive au lieu d'être négative. Le résultat d'une telle modification est aussi évident que la différence entre le jour et la nuit. L'imagerie mentale, au lieu d'être un ramassis d'expressions négatives, serait remplie de notions positives. Le souvenir se composerait de ces belles choses dont le rappel est toujours si agréable. L'enfant apprendrait à voir le bon et le beau côté de la vie et à l'exprimer par sa façon d'être. Au lieu de craindre, l'enfant apprendrait à espérer et à croire en la réalité de ce qu'il ne voit pas encore.

Rappelez-vous que ce qui est dit au sujet de l'enfant nous concerne tout autant que nos enfants car pour évoluer, il nous faudra redevenir l'enfant que nous étions jadis et que nous avons laissé s'endormir au fil du temps. Même aujourd'hui, au moment où vous lisez ces quelques lignes, votre vie peut changer. À la manière de l'enfant, efforcez-vous de voir le beau et le bon autour de vous et dans toutes les situations. Vous verrez qu'un changement s'opèrera en vous et que vous ne serez plus jamais la même personne. Vous reprendrez ainsi votre marche vers l'infini.

Lorsque l'enfant entreprend la phase de l'enseignement intellectuel, il atteint la phase critique de son adaptation au comportement humain. Durant plusieurs années, il apprend qu'il existe des vérités scientifiques immuables et limitatives. Toutes les lois de la physique, de la chimie ou de l'électricité sont la réponse finale à toutes ses questions. Mais si nous regardons en arrière, nous voyons que les grands chercheurs du passé ont toujours été ridiculisés par leurs confrères. Aussi longtemps que la théorie n'était pas vérifiée, elle était considérée comme fausse. Il n'en demeure pas moins cependant qu'elle existait en tout temps et que le seul problème résidait dans la façon de la démontrer. Lorsque nous refusons d'accepter les limites de la science, nous ne dénions pas ces lois. Nous les considérons comme faisant partie d'une loi plus générale qui induit toutes ces lois.

Durant cette même période, l'enfant apprend aussi à juger son prochain et à se juger. Il détermine l'échelle des valeurs dont il se servira comme référence dans l'avenir. Mais l'étape la plus marquante de cette phase est lorsqu'il apprend à se résigner car se résigner signifie que l'on accepte de subir la vie et non de la diriger. Au lieu de la foi et de l'espoir, il entretient la déception et le désespoir. Cette phase, la plus délicate dans la vie d'un être humain, est appelée l'adolescence. C'est au cours de cette phase que l'enfant essaie de posséder le monde mais souvent finit par ne rien posséder du tout. L'adolescent, très souvent, prendra pour sienne la phrase qui veut qu'il soit né pour un petit pain. Dans de telles circonstances, comment pourrait-il alors considérer l'avenir comme la porte qui s'ouvre sur la prospérité?

L'adolescence est la période qui sert de tampon entre la vie riche en expérience de l'enfance et la fausse sécurité de l'adulte. Encore une fois, cette phrase pourrait servir de tremplin à une vie longue et heureuse où seuls l'espoir et la foi ont une place. C'est aux adultes que revient la responsabilité de maintenir l'adolescent dans cette disposition d'esprit, car à son âge il croit encore, et à raison, que la vie est belle et qu'elle vaut la peine d'être vécue. Mais est-il possible à un adulte de convaincre un jeune s'il n'en est pas d'abord lui-même convaincu?

Dans tout ce qui précède, nous avons vu les endroits où les pièges sont tendus. Où nous sommes-nous arrêtés exactement? La seule façon de répondre à cette question c'est de décider aujourd'hui même, et ce à cause de notre liberté de choix, de regarder en arrière et d'accepter de faire face au passé qui doit nous servir à progresser et non à nous retenir en arrière. Nous devons considérer les expériences du passé comme fondamentalement bonnes et nous devons nous efforcer d'en retenir les aspects positifs. Pour penser spirituellement, il nous faut reprendre goût à la vie et en cela notre corps peut nous aider grandement. Il faut réapprendre à être bien dans notre peau, à se trouver beau et à s'aimer, car si nous ne parvenons pas à nous aimer comment pourrons-nous aimer les autres? Prenons la décision aujourd'hui même, de reconstruire notre nouvel habitacle et soyons-en fiers. N'oubliez jamais que Jésus, notre professeur spirituel, est venu à nous pour que nous ayons la vie en abondance. Il est grand temps de nous abreuver à cette étendue mouvante qu'est la vie!

Au cours de notre vie d'adulte, nous rencontrons parfois des personnes qui tiennent le raisonnement suivant: occupez-vous de vous-même; roulez l'autre avant qu'il ne vous roule; l'argent est votre unique ami; l'idéal que vous entretenez, mon ami, est parfait comme sujet de conversation . . . Voilà une façon bien matérialiste de penser. Son auteur ne s'attache qu'aux avantages matériels ou visibles des choses. Seul ce qui est tangible ou démontrable a de la valeur. Chez ces personnes, contrairement à ce qu'elles pourraient croire, l'illusion est dans tout ce qui les entoure. Poussée à l'extrême, cette façon de penser risque de reculer l'homme jusqu'à la forme animale dont il est issu. Car si la vie n'avait pas de valeurs spirituelles, la plus belle philosophie de l'homme serait perdue. Au contraire, penser de façon spirituelle permet à l'homme de vivre dans la certitude que ses espoirs véritables seront concrétisés. Au lieu de vivre dans un monde d'illusions, il apprend à voir les choses selon la réalité et non selon les apparences. Penser spirituellement c'est aussi se contenter de se juger et de ne pas juger les autres car notre seule relation avec les autres devrait être celle qui est sous le signe du partage de l'amour.

Le penseur spirituel n'est pas seulement préoccupé par ce qu'il peut voir, goûter, sentir, entendre ou toucher. Ses relations avec lui-même et l'Univers vont bien au-delà du domaine des sens physiques. Plutôt que de voir, il apprend à percevoir et plutôt que de sentir, il apprend à ressentir. Bien qu'il ne nie pas le besoin de l'usage des sens, il leur enlève cependant le monopole de la réalité. L'homme spirituel, bien qu'il n'ait jamais pu toucher à l'amour ou encore le sentir, sait le ressentir et l'apprécier. Pour cet homme, il existe des domaines d'existence qui, pour l'homme moyen, ne sont que des banalités et de l'enfantillage.

L'amour, le sourire et la joie, ne peuvent être touchés ni se donner; mais comme l'a perçu l'homme nouveau, l'homme spirituel, ils peuvent être partagés. Le penseur spirituel n'est pas hors de la réalité. Ce serait même tout le contraire car il tire ses expériences non seulement de son corps mais aussi de la profondeur de son Moi. Même si cette communication intime (communion) ne peut être démontrée en laboratoire, elle lui apporte un état de paix, de bien-être, d'harmonie et de bonheur qu'il n'aurait pu goûter autrement. Ce type de penseur vit plus pleinement sa vie car il est en contact étroit et conscient avec la réalité.

Jésus, notre Guide spirituel, nous a dit qu'il était la Voie, la Vérité et la Vie. Il nous a aussi mentionné que celui qui perdra sa vie à cause de lui, la trouvera. Il ne voulait naturellement pas parler de la perte de la vie physique car par ces deux passages il faisait allusion à cette partie de nous qui tend à nier la Présence Suprême et qui s'efforce de vivre sans elle. De même, la Voie, la Vérité et la Vie représentent les modifications qui doivent s'opérer dans notre façon d'être, de penser et de vivre pour qu'enfin nous ayons accès à la Vie éternelle, ici et maintenant. Lorsque Jésus nous demande d'abandonner notre vie, il ne parle pas de nous laisser dépérir ou encore de vivre dans la pauvreté. C'est plutôt une indication quant à la nécessité de redresser notre échelle de valeurs qui demeure si dépendante des choses extérieures, des illusions et de notre éducation. Contre toutes apparences, il n'est pas facile de s'abandonner pas plus qu'il n'est facile de croire avant la démonstration. Pour beaucoup d'entre nous, le proverbe qui dit: «un tiens vaut mieux que deux tu l'auras", prédomine encore dans toutes nos transactions. Mais tant et aussi longtemps que nous refuserons de mourir à nos vieilles habitudes, nous ne pourrons vivre pleinement notre vie.

Pour devenir le penseur spirituel dont nous parlons, il nous faut revenir au stade du petit enfant que nous étions il n'y a pas si longtemps. Pas en ce qui concerne le côté intellectuel, bien sûr, mais plutôt du côté instinctif. Notre conviction intérieure du bien et de l'harmonie doit guider nos pas sur le chemin que l'Infini Universel a tracé pour nous. Il ne faut surtout pas chercher à la limiter ou à la discuter. S'il le faut, considérons-la comme le sixième sens dont tant de personnes parlent.

Pour pouvoir entrer en contact ou en communion avec notre conviction intérieure, il nous faut être réceptif, donc attentif et conscient car nous entendons souvent dire que l'homme n'utilise que 10% de son potentiel mental; à voir le comportement de certains d'entre nous, on serait plutôt porté à croire qu'ils n'en utilisent que 1%. Peu importe la façon dont on examine la situation, la prise de conscience est l'étape essentielle à franchir si nous désirons changer notre mode de penser. Plus nous prenons conscience de ce qui se passe autour de nous et en nous, et plus nous réalisons que la vérité est souvent toute simple et bien loin de nos croyances traditionnelles.

Pour vous aider à prendre conscience, il faut que vous preniez le temps d'interpréter ce qui vous arrive. Vous pouvez par exemple essayer de vous rappeler votre levée du lit ce matin. Quel pied a touché le sol le premier? Quels ont été vos premiers mots, vos premières pensées? L'homme dispose d'un outil formidable que l'on nomme les mains. Le bout des doigts en particulier est un détecteur extraordinaire; nous en servons-nous correctement? Lorsque vous saisissez quelque chose dans vos mains, prenez le temps d'analyser la sensation tactile que cela vous procure et vous verrez que le geste ainsi posé revêtira une importance toute particulière. De banal qu'il ait pu être, il deviendra unique.

Apprenons à vivre plus pleinement dans l'enceinte de notre corps et ainsi nous libérerons notre pensée. Cette idée de l'union du corps et de la pensée n'est pas nouvelle car du corps proviennent les matières premières nécessaires à la structuration de la pensée. Notre corps s'exprime par une série de gestes et de mouvements; apprenons à les comprendre et à les diriger. Une telle compréhension peut sembler futile mais l'essai suivant pourra vous prouver le contraire. Regardez les personnes qui vous entourent. Ne pensez à rien de spécifique mais contentez-vous de contempler ces gens. Dès le moment où vous acceptez de les voir comme elles sont, elles n'ont plus besoin de parler pour communiquer car leur corps transmet leurs sentiments profonds.

Vous pouvez lire en elles tel un livre ouvert. Une telle forme d'attention vous permet de dépasser largement vos sens. Vous entendrez au loin, vous verrez dans le noir, vous percevrez la sensation tactile avec tout votre corps. Votre odorat vous fournira plus qu'une senteur; il vous décrira la scène qui y est associée. Vous goûterez enfin à la vie car vous rechercherez le Royaume des Cieux et tout vous sera donné par surcroît.

De tout temps, l'homme a cherché à exprimer sa supériorité sur le règne animal. Il y a bien longtemps, Descartes a dit: «je pense donc je suis". Cette phrase s'applique très bien au mode de pensée qui prévaut aujourd'hui dans le monde. Cependant, moi je vous dis que pour l'homme penseur spirituel la phrase se doit d'être inversée: «parce que je suis, je pense» car la pensée n'a de valeur que si l'on existe. Encore une fois nous sommes ramenés à l'idée directrice du message de Jésus qui dit que "j'existe de la façon dont je pense" ou plus simplement il te sera fait comme tu le penses (le crois).

Il y a plusieurs années, James Dillet Freeman, de l'Église Unity, écrivit un très beau poème dont le titre est "je suis là". Je me permets de l'insérer dans le texte avec la ferme certitude qu'il vous aidera à découvrir en vous votre penseur spirituel autant qu'il m'a aidé. Je vous recommande de le lire plusieurs fois en prenant conscience de toute l'implication personnelle qu'il suggère mais aussi de la révélation qui veut que nous ne soyons jamais seuls au milieu de la tempête et que derrière les nuages se tient la lumière. Cette lumière est là en permanence, à nous d'accepter sa présence et ses bienfaits. Dieu, le Père ou la Puissance Universelle Créatrice, est vivant par nous et au milieu de nous grâce à chaque acte, à chaque mouvement que nous faisons. Notre rôle en tant que penseur spirituel consiste à prendre conscience de cette énergie vivante en nous et de l'exprimer au travers de notre comportement. À chaque instant de notre existence nous devons vivre l'expérience spirituelle ou tout simplement "Rechercher le Royaume des Cieux".

Je suis là

Tu ne peux pas me voir, cependant je suis la lumière par laquelle tu vois!
Tu ne peux pas m'entendre, cependant je parle par ta voix!
Tu ne peux pas me toucher, cependant je suis la puissance au travail dans tes mains!
Je suis au travail, quoique tu ne peux pas comprendre comment!
Je suis au travail même si tu ne reconnais pas mes œuvres!
Je ne suis pas chimère, je ne suis pas mystère!
Seulement dans la quiétude absolue, au-delà de toi-même, peux-tu me connaître tel que je suis, et seulement comme un sentiment et une foi! Cependant je suis là, j'entends et je réponds!
Même si tu me renies, je suis là! Quand tu as besoin de moi, je suis là!
Même quand tu te sens le plus esseulé, je suis là! Même dans tes pleurs, je suis là!
Même dans tes souffrances, je suis là! Je suis là quand tu pries et lorsque tu ne pries pas: Je suis en toi et toi en moi!
Dans ton esprit seulement peux-tu te sentir séparé de moi, car c'est seulement dans ton esprit que sont tes obscurités et les miennes!
Cependant, c'est seulement dans ton esprit que tu peux me reconnaître et m'expérimenter.
Enlève de ton cœur les peurs vides: Quand tu t'enlèves du chemin, je suis là!
De toi, tu ne peux rien faire, mais je puis tout faire et je suis dans tout!
Quoique tu ne puisses pas voir le bon, le bon est là, car je suis là!
Je suis là parce que je dois y être, parce que je suis!
Seulement en moi, le monde peut-il avoir un sens; c'est seulement de moi que le monde prend sa forme; c'est seulement à cause de moi que le monde progresse!
Je suis la loi par laquelle le mouvement des étoiles et le développement des cellules vivantes sont fondés!
Je suis l'amour qui est la plénitude de la loi! Je suis assurance! Je suis paix! Je suis unité!
Je suis la loi par laquelle tu peux vivre! Je suis l'amour auquel tu peux t'accrocher!
Je suis ton assurance! Je suis ta paix! Je suis UN avec toi!
JE SUIS
Même si tu es incapable de me trouver, je ne t'abandonnerai pas!
Même si ta foi en moi est incertaine, ma foi en toi ne vacille jamais!
Parce que je te connais, Parce que je t'aime,
BIEN-AIMÉ, JE SUIS LÀ!

James Dillet Freeman.
Traduit de l'anglais par Gaston Taillon

Chapitre 4

VIVRE L'EXPÉRIENCE SPIRITUELLE

DANS LES CHAPITRES QUI PRÉCÈDENT, NOUS AVONS ABORDÉ des thèmes comme l'évolution spirituelle et la façon spirituelle de penser. Dans le présent chapitre, j'aimerais vous amener à vivre l'expérience spirituelle. À quoi nous servirait-il d'essayer d'évoluer spirituellement ou de penser spirituellement si le tout ne pouvait se résumer sous forme d'expériences.

Notre vie se compose essentiellement d'expériences et c'est grâce à ces expériences que nous apprenons, que nous évoluons. C'est aussi grâce à ces mêmes expériences que nous pensons et que nous pouvons apprendre à penser. Cette idée de relation entre l'expérience et l'évolution, le matériel et le spirituel, ou encore entre le corps et l'âme ou esprit humain, est notée dans la bible sous la forme symbolique de nos ancêtres. Pour ceux d'entre vous qui ne seraient pas familiers avec la symbolique de la bible, il est souhaitable de définir très brièvement nos dits ancêtres: Adam et Ève.

Dans l'histoire du paradis terrestre, nous retrouvons deux personnes (Adam et Ève) et un jardin dans lequel on retrouve des animaux de toutes sortes, dont un serpent, et deux arbres bien particuliers: l'arbre de vie et l'arbre de la connaissance du bien et du mal. Si l'on reprend l'histoire depuis le début, l'homme et la femme pouvaient vivre sans soucis matériels et sans illusions car tout était à leur disposition. Il y avait cependant une condition à cette forme d'existence. L'homme et la femme pouvaient manger de tous les fruits des arbres du jardin sauf un: l'arbre de la connaissance du bien et du mal.

Le jardin et les fruits dont il est ici question sont en fait le sol et la récolte de l'homme. Le sol est l'endroit où l'homme doit semer ses pensées, ses idées et c'est aussi l'endroit où il doit les cultiver et les récolter. Il ne pourra donc récolter que ce qu'il aura semé. Dans ce cas, l'arbre de la connaissance du bien et du mal représente la perspective d'une double expérience liée à la liberté de choix de l'homme. Bien que nous soyons de nature divine, la Loi de cause à effet (dont il sera question au prochain chapitre) apporte dans notre vie des expériences ou des conditions qui correspondent à l'usage que nous faisons de cette liberté de choix. Il est à noter qu'Adam et Ève avaient le droit de manger des fruits de l'arbre de vie. Ils pouvaient donc vivre éternellement à condition de respecter l'accord fait avec Dieu.

Peut-être à la surprise de quelques-uns d'entre vous, il est à remarquer qu'Adam et Ève sont la représentation symbolique de ce que nous sommes tous intérieurement. En fait, ils ne représentent pas deux personnes mais plutôt deux principes de la nature humaine. Ève désigne la nature émotionnelle du mental fonctionnant en ses aspects inférieurs. Pour ce qui est d'Adam, il symbolise à la fois l'aspect inférieur du mental et la nature supérieure de l'Homme. La nature supérieure c'est bien entendu le Christ en nous.

Lorsque nous disons qu'il faut abandonner le vieil homme en nous au profit de l'homme nouveau, il est question d'abandonner le vieil Adam ou les conceptions matérialistes, pour permettre au Christ en nous de s'extérioriser. Les deux principes représentés par Adam et Ève sont les aspects passifs et actifs en tout homme. Ce sont aussi les facultés conscientes et les facultés subjectives de l'esprit. Ève représente l'élément passif ou réceptif de l'erreur (serpent). C'est elle qui transmet l'information aux facultés conscientes ou Adam. En termes plus concrets, Ève pourrait être dénommée le subconscient. Ce subconscient n'est pas sélectif; il enregistre une foule de données qui seront soumises tôt ou tard aux facultés conscientes. L'intellect, ou la partie consciente, est souvent berné par ce subconscient d'autant plus que les faits rapportés paraissent non seulement vraisemblables mais sont aussi attrayants. Notre partie consciente est donc dirigée par ce qui s'implante dans notre subconscient.

Mais quel est donc le fruit qu'Ève donne à Adam? Le fruit prend ses racines dans la nature physique de l'homme. Il symbolise les expériences de tous types de l'individu tout au long de son évolution, des plans inférieurs aux plans supérieurs. En résumé, nous pouvons dire qu'Adam représente le corps et Ève l'esprit humain que beaucoup appellent âme. Le corps n'a pas d'action sur l'âme, car le corps est l'effet et non la cause. Il est l'ombre projetée par l'esprit. Le fait est que toutes les expériences corporelles se répercutent dans l'esprit car ce dernier ne peut entretenir de croyances sans que leurs effets n'apparaissent dans le corps ou dans des conditions de notre existence. Il est donc primordial de soigner notre corps et d'être conscients de l'importance de la sélectivité des informations que l'on peut retirer de nos expériences.

Nous pensons et agissons, à un moment précis de notre existence, selon le niveau de conscience dans lequel nous nous trouvons. Lorsque nous pensons spirituellement, nous sommes pleinement conscients de la façon dont fonctionne notre imagination et de la façon dont s'imbriquent les images qui forment nos pensées. Penser d'une telle manière nous amène progressivement à vivre spirituellement ou à faire des expériences spirituelles. Ces dernières sont d'ailleurs un terme plus approprié pour la plupart d'entre nous car durant notre vie nous avons des poussées intérieures qui nous portent à vivre de telles expériences. Seules quelques personnes peuvent sans doute actuellement dire qu'elles vivent une vie spirituelle. Pour ces personnes, la réalité est la vérité et cela est vrai pour tout ce qu'elles entreprennent. En aucun cas elles ne jugent par les apparences. Comment pourraient-elles d'ailleurs le faire puisque pour elles les apparences n'existent pas!

De nos jours, il y a beaucoup de gens qui s'intéressent à la Créativité de l'Esprit. Ce qui est très regrettable, c'est que les seuls qui expérimentent spirituellement sont ceux qui y sont plus ou moins forcés. Au lieu d'emmagasiner pour l'avenir, les gens préfèrent s'endetter. À chaque fois qu'ils se servent consciemment des sciences spirituelles c'est pour corriger un état pressant. Il serait beaucoup plus facile de tout recevoir par surcroît. De toute façon c'est nous qui détenons la décision entre nos mains.

Plutôt que d'expérimenter, beaucoup préfèrent s'attarder à de longues discussions dites "spirituelles" qui ne sont, en fait, que de l'intellectualisme. Nous retrouvons à nouveau la manie, inhérente à la race humaine, qui consiste à toute disséquer, à tout toucher du bout du scalpel de façon à comprendre. De même, certaines personnes recherchent désespérément, par la lecture de centaines de livres, la réponse à leurs aspirations alors qu'elles ont tous les éléments permettant de résoudre l'énigme à l'intérieur d'elles-mêmes.

Pour se rapprocher de Dieu toutes les méthodes sont bonnes, mais comme pour toute bonne chose, il ne faut pas en abuser. De toute façon, notre rapprochement de Dieu est beaucoup plus facile que nous pourrions l'imaginer; c'est comme si nous regardions la télévision sans nous douter que quelqu'un est tout près de nous. Supposons que nous voulions communiquer avec cette personne, que devons-nous faire? La solution est simple: il nous faut mentionner son nom, de façon à bien déterminer à qui l'on désire s'adresser. Puisque la personne est présente, elle répondra. De même en est-il avec l'Infini Universel.

Peut-on vraiment parler de spiritualisme si l'on n'a jamais goûter à l'expérience spirituelle? Doit-on se contenter des dires des autres ou encore attendre d'être fort mal pris? Bien sûr que non!

Vous intéressez-vous à l'art culinaire ou même êtes-vous ce qu'il est convenu d'appeler "une bonne fourchette"? Je dois avouer que dans mon cas, la réponse est oui aux deux questions. Lorsque l'on s'intéresse à la pratique de l'art culinaire, nous sommes toujours surpris par la superbe présentation de certains plats. Au premier abord ils paraissent être d'une complexité monstre. Cependant, comme dans tout travail, ce fut souvent un jeu d'enfant pour le spécialiste (ici le chef) qui les réalisa. La présentation d'un plat doit normalement nous fournir un avant-goût des délices qu'il contient. L'assortiment des couleurs et de l'arôme qui s'en dégage doivent nous mettre l'eau à la bouche.

Si pour une raison quelconque, vous ne pouviez y goûter, quels seraient vos commentaires au sujet de ce plat? Bien maigres n'est-ce pas? Si je vous dis que la saveur est exquise, quelles raisons aurez-vous de me croire? Puisque la présentation est belle, "je vous crois" me direz-vous. Quel bel acte de foi! Feriez-vous de même si du regard le plat était moins ragoûtant? Bien sûr que non et pourtant je puis vous assurer de la qualité et de la saveur du mets. En fait, il est impossible de se satisfaire et de se rassasier sans y avoir goûté! De même, il ne faut jamais juger selon les apparences car sous des aspects très simples se cache souvent une grande âme ou une qualité très recherchée!

Comment peut-on distinguer cette perle que nous cherchons et comment l'identifier si nous ne la connaissons pas? Eh bien, encore là, la réponse est relativement simple: ce que vous recherchez vraiment c'est ce qui correspond à votre véritable échelle de valeurs. Pour reprendre un exemple de l'art culinaire, vous avez tous entendu parler du caviar. Quel plat exquis pensez-vous. Bien entendu, comme tout le monde vous aimeriez pouvoir dire que vous connaissez et, pour suivre la mode, que vous aimez le caviar. Personnellement, j'en ai mangé et je n'ai pas aimé le goût. Qu'adviendrait-il si je soutenais fermement que le mets est délicieux? En fait, je pourrais m'attendre à ce que la situation se représente et que je sois obligé, par ma faute, de manger à nouveau ce que je n'aime pas. N'en est-il pas ainsi de beaucoup de nos expériences?

Nous nous plaignons sans cesse des problèmes de notre existence mais, consciemment ou non, nous produisons sans cesse les mêmes causes. Nous nous obstinons à ne pas tirer de leçons de ces expériences et pour tout résultat nous avons à faire face aux mêmes effets. Tout comme celui qui n'aime pas un plat et qui s'en cache, nous expérimentons toujours les mêmes cas.

La remarque suivante pourrait vous venir à l'idée: si l'on veut, il est possible d'aimer un plat ou un mets qui nous est désagréable! Le terme "croire" serait dans ce cas plus correct que le terme vouloir car comme dans bien d'autres cas, il ne s'agit pas d'effort de volonté mais bien d'acceptation du fait. Plus précisément, nous pourrions dire qu'il est possible d'apprendre à aimer un plat tout comme il est possible d'apprendre à aimer une expérience. Cela veut-il dire de l'accepter ou, comme diraient quelques-uns, d'en faire son malheur ou d'en prendre son parti? BIEN SÛR QUE NON! Car pour parvenir à aimer une situation, il faut apprendre à en tirer profit, c'est-à-dire apprendre à en vivre les côtés positifs de façon à ne plus la recommencer. Cette façon bien particulière d'apprendre à aimer nous permet de nous dégager totalement de l'expérience en question. Alors, le renouvellement n'est plus nécessaire car nous avons expérimenté, compris et évolué. Nous ne ressentons plus le besoin de retenir près de nous cette expérience. Nous en sommes enfin détachés et nous pouvons maintenant passer à autre chose.

Pour bien faire comprendre cette notion d'apprentissage, il apparaît nécessaire de mentionner que l'expérience dont il est question dans les lignes qui précèdent, peut tout aussi bien se rapporter à une situation qu'à des relations sociales. Que ces relations soient bonnes ou mauvaises, il faut apprendre à être émotivement au-dessus d'elles de façon à pouvoir s'en départir si elles ne vous conviennent pas.

Toutes nos expériences physiques ou spirituelles doivent être orientées vers la connaissance réelle des choses. Il faut apprendre à expérimenter mais il faut aussi apprendre à créer des liens positifs. Il faut apprendre à apprivoiser nos expériences. J'aimerais citer quelques lignes du livre d'Antoine de St-Exupéry intitulé «Le Petit Prince».

> *"On ne connaît que les choses que l'on apprivoise, dit le renard. Les hommes n'ont plus le temps de rien connaître. Ils achètent des choses toutes faites chez les marchands. Mais comme il n'existe pas de marchands d'amis, les hommes n'ont plus d'amis . . . Il eût mieux valu revenir à la même heure . . . Plus l'heure avancera, plus je me sentirai heureux . . . plus je m'agiterai et m'inquiéterai. Je découvrirai le prix du bonheur! Mais si tu viens n'importe quand, je ne saurai jamais à quelle heure m'habiller le cœur. On ne voit bien qu'avec le cœur. L'essentiel est invisible pour les yeux".*

Ce petit texte d'une valeur inestimable pour qui veut comprendre sa vraie nature résume très bien la position actuelle de l'homme dans la société ainsi que son devenir. Tout comme pour la Grande Erreur, il ne faut pas juger selon les apparences car on ne voit bien qu'avec le cœur! Mais que signifie donc apprivoiser ses expériences?

Si nous suivons l'idée qui veut que nous créions nos propres expériences par le biais de nos attitudes mentales ou de nos semences, nous sommes alors responsables de ces situations. Dans ce cas, chercher à apprivoiser ces dernières c'est, en fait, réussir à tirer des éléments positifs des situations que nous avons créées négatives. C'est en quelque sorte apprendre à en tirer profit ou palier au Karma. Nous verrons dans le prochain chapitre que le karma, contrairement à ce que l'on pourrait penser, n'est pas une loi. Ce n'est pas une loi car nous pouvons alléger la peine résultant d'un acte quel qu'il soit!

Lorsque nous cherchons à apprivoiser nos expériences, nous devons garder notre esprit en état de réceptivité car c'est la seule façon de pouvoir absorber l'influx positif qui se dégage des dites expériences. Nous devons taire nos préjugés et remettre en question notre échelle de valeurs. Plutôt que de condamner, il nous faut comprendre et plutôt que de haïr il nous faut aimer.

Pour ceux d'entre nous qui croient à la créativité de la pensée, les miracles ne sont pas des réalisations inconcevables mais bien une manière courante de vivre. Le terme "miracle" a toujours été employé pour qualifier une situation que l'on ne peut logiquement expliquer ou plutôt scientifiquement expliquer. Cela ne décrit cependant pas une impossibilité! Ceux qui nient les miracles ou les réalisations divines sous prétexte que l'univers est un système parfaitement réglé et ordonné n'admettant aucune exception à ses lois, font l'erreur d'oublier que le monde physique, celui qui tombe sous nos cinq sens, n'est qu'une parcelle infime de l'univers tel qu'il existe en réalité avec ses divers plans, et que toute loi mène à une loi plus élevée. Passer d'une loi à une autre, ce n'est pas renier l'une pour l'autre; c'est surmonter l'une pour arriver à l'autre. L'application la plus flagrante de cette transformation est la prière appliquée. Pour réussir sa prière et sa vie, il faut s'élever par la pensée au-dessus des lois ordinaires qui régissent le monde physique. Alors toutes les expériences revêtent un caractère positif et tout nous est possible.

Comment vivre l'expérience spirituelle

L'expérience spirituelle se compose de mille petites choses. Tout comme nous sommes des individus, notre expérience est individualisée. Être un individu ne signifie pas pour autant que nous soyons séparés du Tout. De ce fait, il résulte que notre évolution et notre expérience spirituelle doivent passer par le contact avec notre prochain. Au premier abord, vous pourriez penser qu'il s'agit nécessairement d'un humain. Eh bien détrompez-vous car le prix qu'il nous faut payer pour vivre spirituellement est bien plus grand! Les animaux et les plantes font aussi partie de ces dits prochains. Les commentaires qui vont suivre ne seront pas basés sur nos relations avec des entités que nous qualifions d'inférieures, sans nous rendre compte qu'il n'y a pas de comparaison possible entre elles et nous. Peut-on comparer l'évolution d'une pomme et d'une orange? Bien sûr que non, car la nature de ces choses étant différente, aucune comparaison n'est possible. S'étendre plus longtemps sur un tel sujet serait sûrement très intéressant mais ne permettrait pas d'aider à la compréhension du thème du présent chapitre. Qu'il me soit cependant permis de dire que plus une entité est dépendante de nous, plus notre responsabilité spirituelle est grande!

Notre présence en ce monde a pour but premier de servir l'entité en la nourrissant d'expériences physiques et spirituelles. De plus, comme mentionné précédemment, nous devons aussi contribuer à l'évolution des autres entités. D'ailleurs ces entités ont le même devoir envers nous. Une évolution individuelle, bien que louable, est quand même bien futile car la qualité et le mérite en auraient été bien plus grands lors d'un partage avec autrui.

Pour bien vivre une expérience spirituelle en relation avec les autres, il faut bien se comprendre et surtout bien se connaître. En fait, cela signifie que nous savons exactement quelles sont nos possibilités en ce qui nous concerne et en ce qui concerne les autres. Car bien que nous puissions nous dépenser physiquement pour les autres, nous ne pouvons absolument rien pour ce qui est de sauver l'âme de nos frères. Personne ne peut payer leurs dettes sinon eux-mêmes. Nous pouvons, et nous devons, nous entraider lorsque l'occasion se présente, mais il est essentiel que chacun de nous s'efforce de résoudre ses propres difficultés, de reconnaître ses erreurs et de ne plus pécher de façon à s'éviter les pires ennuis. Mais alors que pouvons-nous faire pour les autres?

Eh bien, nous pouvons partager avec les autres ce que nous avons. Mais il ne faut pas oublier que l'on ne peut partager que ce que les autres acceptent de prendre. Ce concept d'entraide peut se résumer par la relation entre le DON et le RECEVOIR. Ces deux aspects d'une relation ou d'un acte sont nécessaires pour que l'acte soit total et pour que la liberté demeure dans chaque camp. Un manque chez l'une des deux parties pose une sérieuse entrave au phénomène du PARTAGE. Une petite phrase du temps de notre enfance nous rappelle cette relation; cette phrase nous n'y avons probablement jamais cru: il est plus facile de donner que de recevoir.

Tout acte de partage doit veiller à ce que la liberté de chacune des deux parties ne soit pas entravée. Le maintien de la liberté dans toutes nos relations est la clé du succès de tout ce que nous pouvons entreprendre, car le plus beau don que nous puissions faire à notre prochain c'est de le laisser libre. Ne pas le juger, ne pas le restreindre, ne pas commander ses actes et surtout ne pas réglementer l'utilisation de notre don: voilà des choses qui sont très difficiles à faire mais qui sont essentielles pour garder à l'acte du partage son véritable sens.

Il vous est sûrement déjà arrivé de voir un clochard venir vers vous et vous demander de la monnaie pour prendre un café ou pour prendre le métro. Bien sûr, vous ne l'avez pas cru et vous avec déclaré que vous n'aviez pas de monnaie. Intérieurement vous vous êtes dit: je ne lui donnerai rien car il ira boire de l'alcool. Que cette pensée ait pour but d'aider cette personne à se passer d'alcool ou non n'a que peu d'importance. Sans connaître tous les détails de la situation, nous nous permettons de juger notre prochain et nous allons même jusqu'à juger s'il est digne ou non de partager avec nous. Trop souvent, dans de telles circonstances, nous jugeons selon les apparences. À cause d'un tel raisonnement, nous enlevons à l'acte toute sa valeur et nous brimons la liberté de l'autre individu.

Le don se veut désintéressé car notre récompense n'est pas dans ce que l'autre dira ou fera, mais elle est en nous-mêmes. Quelques fois, un don est bêtement gâché parce que la réaction de l'autre n'est pas comme nous le souhaitions. Dans un tel cas, nous essayons de nous ou de le culpabiliser. Pourquoi revenir sur le passé? Si nous croyons être en tort nous verrons à faire mieux la prochaine fois. Dans le cas où l'autre montre peu d'intérêt pour notre don, il nous reste la possibilité de voir à ce qu'une telle situation ne se reproduise pas!! De toute façon, notre manière de percevoir le don est la seule qui compte et tout remettre en question c'est brimer notre liberté et annuler notre récompense.

Le don prend normalement une des trois formes suivantes: a) matérielle, b) physique et c) psychologique. Comme nous l'avons déjà mentionné, le don sous chacune de ces formes est un partage. Regardons de plus près chacune de ces formes.

Le don matériel

Cette forme du don est la plus connue et la plus commune. La majorité des gens ne connaissent d'ailleurs que celle-là. Le don matériel englobe tout échange d'objets entre les gens. Beaucoup penseront d'abord à l'argent; ce dernier est en effet le plus représentatif de cette catégorie. L'argent n'est cependant pas la seule chose matérielle que nous puissions partager. Les cadeaux divers, les meubles, les vêtements et bien d'autres objets peuvent s'ajouter à la liste des dons matériels.

Ce genre de don est celui qui est le plus difficile à estimer. Ici, estimer veut avant tout dire prix mais veut aussi dire estime. Comment peut-on apprécier un tel don? Certaines personnes donnent beaucoup d'argent parce qu'elles en ont beaucoup. D'autres donnent peu mais même cela les dépouille complètement. Si nous avons besoin d'un article quelconque, le don qui se rapprochera le plus de notre besoin est celui que nous apprécierons le plus.

Pour beaucoup d'entre nous, nous estimons la grandeur du don à la difficulté que nous avons eue pour acquérir la chose en question ou encore pour nous en départir. Très souvent, les gens préfèrent donner de l'argent parce que cela simplifie le problème. Pour ces gens, le don est une obligation et toute valeur spirituelle est ainsi éliminée. Bien que l'argent soit souvent très utile et souvent plus valable qu'un cadeau tout à fait inutile, son utilisation imprègne le don d'une sensation de froideur, voire même de prise de distance. L'utilisation de l'argent comme moyen de donation a le grand avantage de nous permettre de nous impliquer très peu dans l'acte auquel nous prenons part. Malgré le pas que nous faisons, nous gardons nos distances.

Comment jugeons-nous quelqu'un qui donne un bien matériel? Jugeons-nous selon les apparences ou recherchons-nous la vérité? Est-ce la grosseur du cadeau ou l'intention qui nous touche? Si nous voulons comprendre l'essence du don, il est extrêmement important de nous poser toutes ces questions car comprendre l'essence du don nous amène à apprendre à recevoir.

Comme il est impossible d'aimer les autres sans s'aimer soi-même, il est aussi très difficile de donner ou de partager intensément si nous ne savons pas recevoir. Pour le "commun des mortels" la phrase bien connue "il est plus facile de donner que de recevoir" est bien difficile à accepter. Bien sûr que cette phrase est fausse me direz-vous. Pour donner, il faut s'impliquer alors que pour recevoir il ne faut rien faire!

Malheureusement, ce n'est pas aussi facile que cela, car nous devons nous impliquer malgré nous dans tout ce que nous faisons dans notre vie. Il nous est impossible de demeurer neutre. Lorsque nous recevons quelque chose, nous avons la responsabilité de l'accepter et surtout de l'apprécier. Il faut apprendre à l'accepter pour ce qu'il est et non pas pour ce que l'on croit qu'il est ou qu'il aurait dû être. Accepter signifie aussi faire taire son amour-propre et ses remords.

Beaucoup de personnes savent donner, mais elles peuvent difficilement recevoir ou accepter quoi que ce soit qui vient de quelqu'un d'autre. En allant au fond des choses, on s'aperçoit vite que leur don se fait souvent en situation de conflit interne. Bien qu'elles donnent, elles ne se sentent pas à l'aise. Curieusement, ce sont ces mêmes personnes qui se plaignent qu'elles ne reçoivent pas grand-chose. Elles ne s'aperçoivent même pas qu'elles seules sont responsables de cette situation. Tout comme le don se doit d'être libre et sans arrière-pensées, de même le recevoir doit lui aussi être libre et sans préjugés. Comme disait Jésus: «pour que l'on vous confie de grandes choses, il faut prouver votre valeur dans les petites choses". Si nous nous permettons de refuser quelque chose parce qu'elle ne correspond pas exactement à ce que l'on désire, il se peut que la chance ne repasse pas. Si vous refusez constamment l'aide que l'on vous offre, il ne faudra pas vous surprendre de ne pas en recevoir lorsque vous en avez vraiment besoin. Il faut entretenir la flamme!

La personne qui cherche à se passer des autres se retrouvera forcément seule car tel est son désir inconscient. Sans vivre aux dépends des autres, il faut quand même apprendre à permettre aux autres de partager. L'action de l'autre ne sera jamais complète sans notre acceptation. Si je désire vous donner quelque chose ou tout simplement partager avec vous, ne faites surtout pas comme une personne de mon entourage qui refuse systématiquement les chèques dont le montant est petit car ce qu'elle désire c'est de gagner le million. La pauvre, elle n'a pas compris qu'une accumulation de petits dépôts peut la rendre heureuse et lui donner, peut-être, le million tant attendu.

Une chose est certaine et ressort clairement de cet exemple: si la personne venait à manquer d'argent, le million factice lui serait bien peu utile mais l'argent accumulé serait une valeur sûre et un bon moyen de se dépanner. Comme pour un ami fidèle, elle peut toujours s'y référer. Ne faites donc pas comme cette personne et apprenez à construire votre banque de dons et de recevoir car ces valeurs fonctionnent suivant le principe qui veut que leur utilisation au lieu de les diminuer les amplifie. Plus vous donnez, plus vous recevez et mieux vous recevez, plus vous donnez et recevez. Tel est le principe de vie qui s'appuie sur le passé pour construire le présent et préparer l'avenir.

Le don physique (don de soi)

Cette forme de don est très peu répandue bien qu'il semble y avoir une certaine orientation du comportement humain en sa faveur. Pour beaucoup de personnes, cette forme du don est inconcevable car trop personnelle. Cependant, il existe aujourd'hui des gens qui sont prêts à payer de leur personne une intense relation avec les autres. Le don de soi ne demande pas nécessairement un sacrifice. Au premier abord, il peut en sembler ainsi. Nous déplacer pour faire plaisir ou rendre service à quelqu'un, changer notre planification de la journée pour accommoder les autres ou encore accepter de reconnaître nos torts au lieu d'accuser les autres, peut paraître niais, faible et surtout très contraignant. Tout ce qui exige de nous une implication personnelle nous apparaît d'abord comme une contrainte absurde et inutile. Nous ne chercherons pas à prouver que cela soit absurde ou non; il s'agit de démontrer que ce n'est pas une contrainte comme nous pourrions le croire.

Une contrainte se définit généralement comme une force qui modifie la planification ou la mise en œuvre d'un projet quelconque. Lorsque quelqu'un a besoin de notre aide, il est possible que cela vienne perturber notre vie. Que devons-nous faire à ce moment précis pour que notre participation bien involontaire ne devienne pas une contrainte?

Pendant la durée d'une vie, il nous arrive de voir notre vie et notre façon de penser change radicalement. Le besoin d'évoluer, que nous ressentons tous à un moment ou à un autre, nous force à nous ouvrir aux autres. L'acceptation de ce besoin met en branle toute une série d'évènements qui vient bouleverser notre existence. Ces évènements créent le milieu essentiel à l'épanouissement de ce besoin, de ce désir.

Suivant le besoin ou le désir, des choses et des êtres vivants pénétreront dans notre champ d'activités. Notre schème d'évolution est tel que des personnes seront placées sur notre chemin lorsque nous serons prêts à accepter de partager avec elles. Ces personnes peuvent être ou non dans le besoin; cependant, leur présence et les relations que nous entretenons avec elles vont modifier profondément notre façon de voir, notre façon d'agir et notre façon de penser.

Lorsque nous devons nous impliquer physiquement et faire le don de soi c'est que nous sommes au stage où nous commençons à intensifier nos relations avec les autres. Ce stage apporte beaucoup d'espoir mais il comporte aussi beaucoup de pièges. Ne dit-on pas: qui aime bien châtie bien.

Plus nos relations avec les autres sont intimes, plus nous nous attachons par le biais du sentiment. Le sentiment transporte à la fois l'amour et l'absence d'amour (certains l'appellent la haine). Lorsque l'amour est le sentiment qui unit deux personnes, elles sont libres. Par contre, si elles parviennent à se haïr, elles seront attachées, enchaînées l'une à l'autre. Le ressentiment (sensation dont nous parlerons au prochain chapitre) est le lien psychique le plus fort qui nous oblige à traîner sa cause comme un boulet attaché à nos jambes. La situation ou la personne qui est pour nous source de ressentiment, nous suivra tant que nous ne réussirons pas à la laisser aller, à la libérer. Aussi longtemps que ce sentiment dominera nos pensées, nous ne pourrons pas progresser. Après mûre réflexion, il semblerait que la seule façon de nous libérer et de libérer les autres c'est de remplir notre cœur d'amour. Amour pour nous et amour pour les autres.

Mais qu'est-ce que l'amour

L'amour, comme disait l'apôtre Paul, est l'accomplissement de la Loi. Par cette phrase, il cherchait à faire comprendre à ses concitoyens que seul l'amour total peut vaincre toutes les difficultés et nous mener vers le but de notre existence qui est d'évoluer spirituellement. En lui-même, ce terme est sans doute le plus connu du monde. Peu importe notre nationalité, notre race, nos appartenances politiques ou bien nos croyances religieuses: tous nous avons besoin d'amour. Involontairement, consciemment ou non, nous recherchons des situations ou des personnes capables de nous procurer cet élixir de vie qu'est l'amour. L'amour fait vibrer tous les cœurs, il est le gage le plus sûr et le plus précieux que nous ayons. Bien plus que l'argent, l'amour récompense jusqu'à satiété. Il ne peut être acheté ni vendu. Il ne peut, non plus, être donné; mais nous pouvons le partager.

L'amour ne peut être donné car il ne nous appartient pas mais il nous est prêté afin que nous en assurions la diffusion. Lorsque nous partageons notre amour (amour de Dieu s'exprimant à travers nous) nous y trouvons notre récompense car l'amour ne peut s'exercer à sens unique. Plus nous en usons, plus nous en avons de disponible et surtout plus nous en recevons. L'amour n'est pas et ne doit pas être directionnel. Qui sommes-nous, en fait, pour juger de ceux qui méritent que l'on partage avec eux ce besoin d'amour? Ceux qui en ont besoin ne sont-ils pas justement ceux que l'on désire exclure de la liste? Si nous exerçons une sélectivité dans le partage de l'amour, pouvons-nous espérer en recevoir de toutes parts? Sommes-nous si bons par rapport à nos frères? Avant de choisir de partager, il faut se poser toutes ces questions.

L'amour est comme un baume sur une plaie. Il console ceux qui sont dans la peine, réassure ceux qui sont dans le doute et éclaire ceux qui recherchent la Vérité. L'amour est d'actualité depuis des temps immémoriaux et comme tous les termes ou idées bien connus et véhiculés par tout le monde, il est devenu un mystère et une idée obscure. À travers les âges, il a été associé à diverses manifestations physiques et morales. Notamment, son plus gros boulet est sans contredit l'association avec la sexualité.

"Faire l'amour" est une déclaration assez commune de nos jours. Commune est vraiment le terme car la généralité dégénère souvent l'essence qui se dégage d'un acte. Le terme "faire l'amour" n'était pas, au début, relié à des activités sexuelles car en fait, c'était plutôt la verbalisation de l'acte d'intense union entre deux êtres. Cette union était bien plus qu'une relaxation des passions physiques ou psychologiques. C'était la communion totale entre deux êtres. "Faire l'amour" devrait encore aujourd'hui signifier le rapprochement de deux entités dans le but d'un accomplissement commun. L'acte sexuel, vu sous cette forme, serait alors un aboutissement normal de ce rapprochement.

L'amour, tel qu'on le comprend souvent, se doit de s'extérioriser par le biais d'une personne du sexe opposé. Nous réservons généralement le mot amitié pour les autres personnes. N'est-ce pas là compliquer ce qui est simple? L'amour dans sa pleine capacité est l'amitié avec un A énorme. L'amour rejoint tout le monde autour de nous sans égard au sexe ou à la race. Tout comme nous pouvons aimer une personne du sexe opposé sans la désirer sexuellement, de même nous pouvons aussi aimer notre prochain quel qu'il soit car l'amour total est au-dessus de bien des thèmes moraux (humains serait plus juste).

Cet amour est idéalisé me direz-vous. Eh bien non. Il n'existe pas de graduation dans la notion de l'amour. Contrairement à ce que nous pouvons penser, il n'est pas possible à l'homme d'aimer un peu ou beaucoup. Cette notion de graduation nous vient de notre façon d'exprimer notre liberté de choisir. Il n'est pas nécessaire qu'il en soit ainsi car nous n'avons qu'à regarder agir nos amis les animaux pour remarquer comme ils sont sincères. Chez eux, la pensée n'est pas statique car elle fluctue avec les sensations.

L'amour n'est pas et ne doit pas être un boulet que l'on traîne tout au long de notre vie. L'amour ne réduit pas à l'esclavage mais nous rend intensément libres. L'amour tyrannique n'est qu'un manque d'amour ou une forme d'égocentrisme. Il en est de même de la peur que nous avons de perdre l'autre. Pour garder quelqu'un et faire preuve d'amour, nous sommes prêts à nous sacrifier, à tout faire pour le retenir. Mais quelle forme d'amour est-ce que nous croyons pratiquer?

L'amour est exigeant mais il ne demande pas l'abnégation. Il ne demande pas non plus que l'on vive dans une prison car cette prison fut-elle d'or n'en demeure pas moins une prison. Vouloir attacher l'autre dans le but de ne pas le perdre est le début de la fin. Jésus n'a-t-il pas dit: «à celui qui a tout l'on donnera encore plus et à celui qui n'a rien il perdra le peu qu'il a". L'amour que l'on perd ne nous a jamais appartenu; alors pourquoi se plaindre de l'avoir perdu puisqu'il ne fût jamais nôtre.

Une question peut vous venir à l'esprit: comment pouvons-nous aimer ou mieux apprendre à aimer? En fait, l'amour s'exprime par nos pensées mais il s'exprime aussi par nos actes. Dans ce cas précis, nous nous devons de faire ressortir que notre corps participe pleinement à l'exécution de nos actes. Pour bien faire ressortir le rôle du corps dans l'apprentissage de l'amour, il serait bon de s'arrêter quelques instants sur une partie bien précise de notre anatomie ou plutôt sur la valeur de verbalisation de cette dite partie. Nous possédons un outil très puissant lorsqu'il s'agit de la transmission de notre amour. Cet outil c'est le sourire. Permettez-moi de glisser, ici, une des nombreuses descriptions de ce qu'est la valeur d'un sourire.

La valeur de sourire

Un sourire, ça ne coûte rien et produit beaucoup;
Il enrichit ceux qui le reçoivent sans appauvrir ceux qui le donnent;
Il ne dure qu'un instant mais son souvenir est parfois éternel;
Personne n'est assez riche pour pouvoir s'en passer et personne n'est assez pauvre que le bienfait d'un sourire ne l'enrichisse;
Il crée le bonheur au foyer, est un soutien dans les affaires et le signe sensible de l'amitié;
Un sourire donne le repos à l'être fatigué, rend le courage, console dans la tristesse et est un antidote de la nature pour toute les peines.
Cependant, il ne peut s'acheter ni se voler;
C'est une chose qui n'a de valeur qu'à partir du moment où elle se donne;

"Si quelquefois vous rencontrez une personne qui ne vous donne pas le sourire que vous méritez, donnez-lui le vôtre car nul n'a autant besoin d'un sourire que celui qui ne peut pas en donner aux autres . . ."

D'un ami

Reprenons quelques idées énoncées dans ce poème et essayons d'en tirer des relations avec ce que l'on peut faire avec l'amour. Voyons tout d'abord le titre. "La valeur d'un sourire". Vous êtes-vous déjà demandé quelle est la valeur que vous accordez à votre sourire ou à l'amour que vous pouvez dispenser. Comment souriez-vous? Est-ce difficile de vous arracher un sourire? Préférez-vous toujours faire la moue? Pourquoi enfin ne souriez-vous pas? Encore une fois, vous voilà embourbés dans beaucoup de questions dont vous détenez bien peu de réponses; croyez-vous. Eh bien détrompez-vous, car vous détenez la réponse au plus profond de vous-mêmes et vous le savez. Seule la peur d'un changement dans votre comportement vous retient d'extérioriser cette réponse.

Regardez-vous dans un miroir et essayez d'interpréter vos traits. Vous n'êtes sûrement pas la personne renfermée que vous voudriez laisser paraître. Vous ne souriez pas parce que vous avez peur de vous ouvrir aux autres. Vous voulez conserver cet écran qui vous sert de défense car en l'abaissant vous croyez vous rendre vulnérable. Dans un certain sens cela est vrai mais la pure réalité en est toute autre. Certains de vos sourires ne vous sont pas rendus parce qu'ils ne sont pas sincères et qu'ils n'expriment pas un sentiment intérieur, un sentiment d'être. Rappelez-vous que si vous portez une valeur à votre sourire, vous saurez l'utiliser et, par le fait même, il servira à communiquer et à réconforter.

Votre sourire se substituera aux mots et vous verrez des centaines de sourires complices, semblables aux vôtres vous dire: «nous te comprenons et nous t'aimons". De même que le principe de multiplication s'applique au sourire, il s'applique aussi à l'amour. Lorsque nous prenons conscience de la valeur de notre amour pour nous et pour les autres, notre coupe en est tellement remplie qu'elle ne cherche qu'à déborder. Il nous est alors impossible de restreindre nos élans d'amour envers notre prochain. Enfin nous le voyons comme il est: beau, fils de Dieu et notre frère! Plus l'amour a de valeur pour nous, plus nous en avons à distribuer car la source ne s'épuise pas.

Tout comme pour le sourire, l'amour ne coûte rien et produit beaucoup. De même que nous oublions facilement les mauvais moments de notre vie, nous retenons souvent, pour la vie, les heureux passages de notre existence. Si nous partageons notre amour, ne serait-ce qu'un instant, le souvenir chez l'autre durera peut-être éternellement. Personne, pas plus vous que moi, n'est assez riche ou assez pauvre pour pouvoir se passer d'amour. L'amour agit autour de soi comme une épidémie. Il se propage très rapidement; il est très contagieux et difficile à arrêter. Essayez si vous ne me croyez pas!

L'amour se doit d'être désintéressé. Il ne peut s'acheter ni se voler et n'a de valeur qu'à partir du moment où nous le partageons pour ce qu'il est: l'action de Dieu dans la vie!

Si vous rencontrez une personne qui ne vous donne pas l'amour auquel vous avez droit, donnez-lui le vôtre car nul n'en a autant besoin que celui qui ne peut en donner aux autres. Vous me direz sans doute: comment aimer quelqu'un qui ne vous aime pas? Il ne s'agit pas, dans un tel cas de rapprochement physique ou social. Il s'agit plutôt de contact, de partage de l'amour au niveau spirituel. Au lieu d'en vouloir à ladite personne, il faut lui sourire et prier pour elle. Cette personne a besoin de beaucoup de prières car elle est atteinte d'une maladie grave: le reniement de son être. Elle a besoin que vous l'aidiez à se comprendre et à s'ouvrir à la vie, à la beauté de l'existence sous l'égide divine. Il faut surtout l'aider à découvrir en elle la Puissance Universelle qui lui procurera la paix intérieure. À ce moment et à ce moment seulement sera-t-elle capable d'aimer et d'être aimée.

Nous avons vu que notre corps, par un moyen très subtil, nous apprend à aimer. Comme les yeux sont le reflet de l'âme, le sourire en est l'expression. Vous avez sans doute remarqué que nous parlons souvent du corps et que nous l'associons très souvent à la communication inconsciente. Serait-ce l'outil que nous devrons utiliser pour apprendre à aimer? Eh bien oui, car l'amour pour les autres commence par l'amour que nous nous portons. Une personne qui ne s'aime pas, qui ne se sent pas bien dans sa peau, ne peut pas partager l'amour avec les autres.

Beaucoup de gens à travers le monde ne sont pas satisfaits de leurs capacités ou de leur apparence. Ils refusent d'être ce qu'ils sont sans toutefois savoir par quoi ils voudraient les remplacer. Ces gens sont comme des arbres morts car ils refusent d'évoluer de peur de découvrir ce qu'ils sont vraiment.

Lorsque vous vous regardez dans un miroir, il faut vous habituer à vous trouver beau. Vous êtes beau parce que vous êtes vous-mêmes et que l'expression divine est imprégnée dans tout votre être. Il est possible de transformer votre corps si ce dernier n'est pas exactement celui qui vous convient. Une telle transformation doit cependant se faire après une prise de conscience profonde et après une décision non équivoque de changer votre vie, de changer vos habitudes. N'oubliez pas que l'on ne peut pas mettre du vin nouveau dans de vieilles outres de peur de gaspiller le premier et de perdre le second. Votre nouvelle façon de penser doit semer sur un terrain vierge.

Il faut toujours se rappeler qu'avant d'aimer les autres il faut apprendre à s'aimer car c'est cela le début de l'amour. Ainsi seulement pourrons-nous exprimer Dieu dans notre vie. Nous serons alors remplis d'amour pour nous-mêmes et pour les autres car tout ce que nous donnerons nous le recevrons par multiples. La plus belle façon de s'aimer consiste à accepter de se remettre en question sous l'éclairage de la lumière divine. Une telle remise en question demande beaucoup de courage de notre part car il n'est pas facile pour l'homme d'avouer ses fautes. L'enjeu cependant en vaut la peine car lorsque nous vivons une vie d'amour pour nous-mêmes, pour les autres et pour Dieu, tout nous est donné par surcroît. Toute notre vie risque alors d'être fort perturbée car le bonheur peut bien décider d'y faire son nid et de s'y reproduire de façon très féconde; vivre heureux c'est un état d'esprit qui souvent commence lorsque nous avons enfin trouvé l'amour! En résumé, nous pouvons dire qu'apprendre à faire le don de soi c'est en fait apprendre à s'aimer et à aimer les autres. Bien qu'un tel don n'a que la valeur que l'on veut bien lui accorder; si nous savons le partager, notre récompense sera instantanée.

Le don psychologique

Cette troisième forme du don est intimement reliée à l'amour. Beaucoup de situations ne demandent pas d'implication de soi; elles ne requièrent qu'un peu d'encouragement. Le don psychologique peut se décrire en quelques mots: remerciements, compliments, compréhension. Que de choses inusitées penserez-vous. Eh bien chacun de ces termes peut réconforter, encourager ou encore aider un frère bien plus que l'argent ou tout autre objet. Le don de soi est difficile à pratiquer; que dire alors de celui-ci?

Encore une fois, tout comme dans le don de soi, le don psychologique ne peut se faire que si l'on se sent bien dans sa peau. Il faut tout d'abord savoir, ou apprendre à accepter, les remerciements ou les compliments que les autres nous donnent. Nous devons le faire principalement pour permettre à l'autre de s'accomplir mais aussi pour accroître la connaissance que nous avons de nous-mêmes. Seulement alors nous serons-nous rendu dignes de participer au don de la vie. Aussi curieux que cela puisse paraître, beaucoup de gens éprouvent des difficultés à remercier ou à complimenter les autres. Généralement, ils se donnent pour raisons leur timidité ou encore le respect de la liberté d'autrui. De toute façon, ils refusent de laisser couler à travers eux la Beauté de Dieu. Ils ignorent volontairement qu'un compliment bien placé peut redonner à quelqu'un l'encouragement nécessaire à la poursuite de la connaissance de soi. De même, quelques mots souvent suffisent à rassurer ou à réconforter. Lorsque nous participons à l'acte du don, nous ne devons pas toujours attendre d'être gratifiés car un don bien compris contient déjà sa récompense. Cependant, pour la plupart des gens, il semble que la verbalisation du recevoir (merci par exemple) soit nécessaire pour leur révéler en paroles ce qu'ils connaissent déjà en leur cœur.

Les compliments et les remerciements, comme tout acte bénéfique, possèdent la caractéristique de la multiplication et mènent généralement à la compréhension de l'autre. Comprendre l'autre signifie surtout de ne pas le juger mais cela signifie aussi être disponible pour lui apporter toute l'aide qui lui est nécessaire. La compréhension procure, pour sa part, une sensation de réconfort à celui qui la reçoit, une paix intérieure à celui qui la donne. Si nous désirons accroître la qualité de nos rapports avec les autres, il est essentiel de développer ces modes de rapprochement que sont les compliments et les remerciements car toutes ces belles choses ne peuvent qu'inévitablement conduire à l'AMOUR.

Pratiquer la vie spirituelle

Il est évident que pour vivre spirituellement, il est essentiel de penser spirituellement; pour cela, la meilleure façon d'y arriver est de contrôler ce qui sera gardé en mémoire consciente. Comme nous l'avons déjà vu, la mémoire nous sert de ligne d'assemblage pour notre imagerie mentale ainsi que pour nos pensées. Ces deux activités mentales sont dépendantes de la qualité des enregistrements des évènements et des sensations passées. Une théorie, souvent vérifiée sous hypnose, veut que même les moindres détails de notre vie soient conservés en mémoire.

Ce sont toutes les notions affectives que nous associons à chaque élément mémorisé qui font que chaque élément peut être utilisé non pour ce qu'il est, mais pour ce qu'il représente pour nous. Si nous désirons voir évoluer la qualité de notre imagerie mentale, nous devons nous efforcer d'enregistrer les évènements de notre vie uniquement sous leur facette positive. Prendre l'habitude de voir la vie en rose ou de façon positive, peut sembler très difficile au premier abord. Cependant, tout comme dans n'importe lequel des métiers, la répétition favorise l'aisance. S'efforcer de voir le côté positif des choses transforme progressivement notre schème de pensée jusqu'à ce que cette forme ou mode de penser devienne le nôtre.

Le plus grand avantage de cette modification de la pensée est, bien entendu, l'élimination progressive des pensées de doute, de peur, de non-confiance . . . Qui d'entre nous n'aimerait pas pouvoir aborder la vie avec confiance et sérénité et laisser derrière soi les pensées de peur, de doute ou tout simplement toutes les pensées négatives en général. Une personne qui prendrait une telle habitude pourrait vraiment vivre l'expérience spirituelle car après avoir fait sa part, elle pourrait laisser le soin à Dieu le Père ou à la Puissance Universelle de s'occuper des détails. Quoi de plus facile à écrire mais combien plus difficile à réaliser.

Avant de pouvoir aborder la vie avec une telle confiance, il est bon de nous entraîner quotidiennement. Une façon de faire peut être bien sûr la prière ou plutôt son résultat positif que nous appelons la démonstration (phase dont nous discuterons au prochain chapitre). Mais cela peut aussi consister en quelque chose qui nous est bien plus familier. Emmet Fox dans son livre "Le pouvoir par la pensée constructive" nous fournit une méthode attrayante. Bien que difficile à suivre, cette méthode a la particularité de laisser des traces sur le sol où germent nos pensées, et ce même si nous ne réussissons pas à bien la mener à terme. Aussitôt que nous entreprenons sérieusement cette expérience, nous exprimons notre désir profond qui est d'essayer de changer notre mode de penser.

En cours d'essai, le pire qui puisse nous arriver c'est que nous soyons obligés de recommencer l'expérience à nouveau et possiblement un peu plus tard. De toute façon, nous aurons acquis une certaine technique qui fera en sorte que le terrain soit mieux nivelé lors du prochain essai.

Le régime mental

De nos jours, les recettes de cuisine et les diètes ou régimes alimentaires sont des items tout à fait à la mode. Pourquoi ne pas essayer un régime mental? Cette idée peut paraître surprenante mais n'est-ce pas l'habitude que nous prenons lorsqu'il s'agit de notre corps? L'embonpoint est nuisible pour notre santé physique; l'embonpoint mental créé par une foule de préjugés est encore pire car non seulement il influence notre comportement et nos pensées mais en plus, comme les perturbations physiques sont reliées à des troubles psychologiques, il influence aussi notre santé physique. L'expression bien connue: «un esprit sain dans un corps sain» est d'autant plus vraie que la santé mentale est primordiale pour obtenir la santé physique. Pour bien faire ressortir les points qui précèdent, considérons et comparons nos attitudes mentales et nos attitudes physiques.

Quelles sont les phases de conditionnement du corps? Nous pouvons en énumérer deux: la nutrition et la mise en forme. Comment peut-on relier chacun de ces items à notre comportement mental? Prenons tout d'abord la nutrition. Lorsque vient le moment de se nourrir, nous avons à faire quelques choix. Nous devons déterminer le genre, la qualité et la quantité de nourriture que nous allons absorber. Un mauvais choix dans un ou plusieurs de ces points peut nous causer de sérieux préjudices au niveau de notre santé. La nourriture que nous ne digérons que difficilement est un bon exemple de mauvais choix du genre de nourriture. De même, de la nourriture avariée nous causera des problèmes de digestion et par le fait même de santé car la qualité est mauvaise. Si nous ne pouvons pas nous restreindre quant à la quantité de nourriture que nous absorbons, le résultat sera probablement une bonne indigestion ou de l'embonpoint. Vous voyez facilement que l'équilibre dans tout paie toujours bien! Un juste milieu nous permettra sûrement de bien nous nourrir, selon nos moyens, sans altérer notre santé.

En ce qui concerne les pensées, le même choix s'impose car nous devons sélectionner les matériaux de base ou les matières premières qui serviront à l'élaboration d'une pensée structurée. De même que pour la nutrition du corps, nous devons veiller à la qualité (positive, négative) ainsi qu'à la quantité des pensées.

Si nous ne prenons soin de bien sélectionner les évènements et les impressions qui serviront à construire l'imagerie mentale, nous aurons très souvent des idées mal structurées et surtout très confuses. Comme la confusion mène généralement au désordre, les pensées qui en résultent sont nécessairement négatives.

Lorsque nous acceptons trop facilement tout ce que l'on cherche à nous faire croire, nous risquons de déformer notre schème de penser et de provoquer la confusion dans notre esprit. De même, une attitude trop rigide envers les idées nouvelles ne vaut guère mieux. Les pensées que nous entretenons, et particulièrement celles que nous affectionnons, sont des pensées créatrices d'une puissance exceptionnelle. Nous devons donc nous assurer qu'elles sont de bonne qualité (positives).

Les pensées positives nous apporteront leur équivalent mental qui est le bonheur sous ses diverses formes. Ce bonheur ou cette félicité seront proportionnels à la quantité de pensées positives que nous aurons entretenues. Dans le cas où nous affectionnons particulièrement des pensées de doute, de peur ou des pensées négatives quelconques, nous courons le risque de voir ces pensées se matérialiser sous une forme ou une autre dans notre vie. Généralement, la maladie et les déboires sont l'apanage de notre vie.

Voyons maintenant ce qui concerne la mise en forme. De nos jours, malgré la vague de sensibilisation, bien peu de gens réalisent l'importance de faire du conditionnement physique pour obtenir un corps sain. En fait, la plupart des gens le savent mais l'implication personnelle ou la remise en question de nos habitudes sont des solutions par trop exigeantes. Lorsque notre corps, à un certain moment, nous crie ses déficiences, nous préférons le faire taire à coup de traitements ou de pilules alors qu'un peu d'exercice serait le médicament le plus naturel et souvent le plus adéquat. Un corps en bonne condition physique est un corps vigoureux et fort. Il peut facilement passer à travers les saisons sans en ressentir les effets négatifs (rythmes, grippes . . .).

Au niveau de la pensée, les mêmes critères s'appliquent. La gymnastique mentale, bien que généralement considérée comme un travail de l'intellect, peut très bien s'appliquer à la structuration automatique des pensées. La gymnastique de la pensée consiste à mettre en pratique, le plus souvent possible, les principes qui régissent la Loi de cause à effet. Cette mise en pratique doit se faire quotidiennement et au travers de toute activité de notre vie. Même les items les plus insignifiants doivent avoir droit à ce traitement. Il ne faut pas oublier que la pierre rejetée par les constructeurs est souvent celle qui leur fait défaut à la fin! Il ne faut donc pas sous-estimer les petites peurs ou les petites querelles que nous conservons jalousement au-dedans de nous. Au moment où nous nous en attendrons le moins, elles feront surface dans notre vie et amèneront avec elles des foules d'ennuis.

Il est bon de rappeler que comme tout corps en santé réclame de l'exercice pour extérioriser son énergie vitale, de même un mental en santé cherche à extérioriser ou à matérialiser ses pensées créatrices. Lui refuser ce droit c'est comme refuser le droit au corps de libérer son surplus d'énergie. Dans le cas du corps, généralement un blocage se produit et le résultat est semblable à celui occasionné par un manque d'énergie.

Pour extérioriser nos pensées de façon convenable, nous devons chercher à faire des démonstrations de façon à nous ancrer dans la certitude des pouvoirs de la pensée créatrice. Cette certitude, cette foi, nous permettra de faire bouger les montagnes, d'être au-dessus des problèmes quotidiens et de vivre chaque journée de façon plus décontractée, plus réceptive et plus heureuse.

Revenons au régime alimentaire. Autrefois, seules les personnes obèses parlaient de ces régimes. Aujourd'hui, il ne s'agit plus de peser 50 ou 100 kilogrammes mais plutôt d'être bien dans sa peau. Une personne de poids raisonnable peut maigrir si cela peut lui permettre d'être plus à son aise; de même en est-il des traitements et des régimes mentaux. Dans ce cas, une remise en question n'est plus considérée comme une attitude faible mais l'est plutôt comme une attitude posée et sage. Il est d'ailleurs grandement temps pour chacun d'entre nous de connaître sa vraie nature et ses véritables aspirations.

La raison fondamentale ou la cause première pour pratiquer le régime mental est qu'il faut s'avouer à soi-même que tous les évènements de notre vie dépendent de notre choix de pensées. La seule chance que nous ayons de créer une vie plus heureuse, plus digne d'être vécue et pleinement remplie d'un sentiment de plénitude, c'est de prendre une habitude de penser qui viendra à notre aide quand nous serons préoccupés aussi bien que lorsque nous dirigeons consciemment notre mental. Nous devons chercher à acquérir cette habitude de penser et la façon la plus simple, mais non pas facile, est le régime mental de sept jours.

Pour cela, il vous faut décider de consacrer une semaine de votre vie à faire l'expérience, à acquérir une nouvelle façon de penser. Ce sera sans doute très difficile au cours des premières journées mais rassurez-vous, cela deviendra plus aisé et plus passionnant à chaque jour. Avant d'aller plus loin, il est nécessaire de faire une mise en garde: si tout semble trop facile, c'est généralement que vous n'êtes pas aussi critique que vous pourriez le penser. Ceci n'est pas un jeu et ne doit pas être pris à la légère. Si vous entreprenez sérieusement le régime, vous verrez que dès le début, vous réaliserez des choses surprenantes à votre sujet. Peut-être pour la première fois de votre vie comprendrez-vous votre vraie nature et le sens qu'il vous faut donner à votre vie. Cette semaine, si entreprise sérieusement, sera le point de départ d'une vie nouvelle. Vous accomplirez ainsi les paroles de l'évangile qui veulent que vous deviez renaître. Tout dans votre vie ira en s'améliorant et vous irez de surprise en surprise. Après cette expérience, votre vie ne sera plus jamais comme avant car, désormais, vous aurez des notions de valeurs sûres pour diriger votre vie. Voici donc en quoi consiste ce régime mental:

Pendant sept jours, consécutifs, vous ne devez vous appesantir, ne serait-ce qu'un seul instant, sur aucune pensée négative. Observez-vous durant tout ce temps, soyez toujours à l'affût comme un chat guette une souris. Sous aucun prétexte, ne permettez à votre esprit d'entretenir des pensées autres que positives, constructives ou bienveillantes. Cette discipline mentale est si sévère qu'il vous serait sûrement difficile de la maintenir pour plus d'une semaine. Ce n'est pas d'ailleurs une nécessité car l'essentiel est d'apprendre à penser; la pratique suivra de près.

Les sept jours de ce régime seront très difficiles; il faut donc bien en estimer le prix. Un jeûne physique est extrêmement doux aux côtés de celui-ci. Il ne faut pas commencer et prendre l'expérience à la légère. L'enjeu est énorme: une meilleure qualité de vie. Pensez-y pendant quelques jours et après avoir pris la décision de commencer, n'oubliez pas que la Puissance Universelle, Dieu votre Père, vous accompagnera tout au long de votre périple.

Vous pouvez commencer votre régime à n'importe quelle heure du jour et n'importe quel jour de la semaine. Cependant, dès le moment où vous aurez commencé votre régime, il faudra le suivre durant sept jours. Essayez de choisir une semaine qui peut s'avérer moins difficile qu'une autre; cela permettra d'augmenter vos chances de réussite. Si vous débutez mal ou qu'après quelques jours vous faites un écart de régime, il vaut mieux vous arrêter et reprendre l'expérience après quelques jours. Ce type de régime ne permet pas les tricheries ou les choses faites à moitié. Une manière relativement simple pour suivre votre progression est de prendre la résolution de noter, avant de vous mettre au lit, vos impressions de la journée. Lorsque l'on met sur papier le contenu de nos pensées, il est plus facile d'en prendre conscience.

Reprenons brièvement la notion de pensée négative. Une telle pensée peut être une pensée d'insuccès, de déception, d'ennui, de peur, de doute, de critique, de maladie ou de condamnation des autres ou de soi. En fait, cela comprend toutes les formes de ce que l'on appelle généralement le pessimisme. Une telle distinction dans les formes de la pensée peut paraître bien complexe mais il ne faut cependant pas trop s'y attarder car ces pensées sont faciles à reconnaître. Même si votre intelligence essayait de vous tromper, votre cœur vous soufflerait la vérité. Comme mentionné auparavant, toutes les pensées que nous entretenons sont créatrices. Peu importe donc, que des pensées négatives nous viennent à l'esprit; l'important c'est de ne pas les entretenir de façon à en diminuer leur puissance.

Selon le milieu auquel vous appartenez à l'heure actuelle, des pensées vous seront apportées par le biais des journaux, de la radio ou encore au cours d'une conversation avec des amis. Ces choses ne peuvent être néfastes que si vous vous y attardez. Dans le cas contraire, elles vous permettront de pratiquer votre nouvelle façon de penser. Vous voyez bien qu'il y a toujours moyen d'extraire des expériences positives de toutes les circonstances.

Quel que soit le moment de la journée ou le type d'activité où vous trouverez des propos négatifs, veillez à ne pas vous laisser émouvoir. Il ne faut surtout pas s'attrister, s'indigner ou même leur accorder une importance quelconque. Il ne faut pas non plus faire de sermons ou essayer de brusquer des situations. De même, il faut refuser d'admettre les côtés négatifs de la situation en question et permettre à la Puissance Universelle de s'occuper d'aplanir les sentiers.

Il reste un détail à préciser au sujet du régime mental. Tout comme lorsque nous pratiquons le régime physique, que nous demeurons sur notre faim et devenons hypersensibles à cause des modifications dans notre vie, de même en est-il pour le régime mental. Au début de l'expérience, vous aurez à faire face à toutes sortes de difficultés. Tout va de travers, penserez-vous. Bien que cela puisse paraître déconcertant, ce n'en demeure pas moins un bon signe car cela signifie que des changements s'opèrent, que les choses autour de vous se modifient. Lorsque tout semble s'écrouler autour de vous, il faut plus, que jamais, vous accrocher à l'image de votre réussite. Vous n'avez que cette semaine pour changer votre vie. Vous n'allez pas laisser passer la chance! À chaque étape de cette semaine vous saurez, au plus profond de vous-mêmes, que vous évoluez.

Il faut, durant tout le régime, garder à l'esprit des pensées positives et harmonieuses. Il faut aussi refuser de céder aux pressions extérieures même quand la perte paraît lourde. Ne pas juger selon les apparences et surtout ne pas permettre à des situations négatives de prendre l'apparence de la réalité: tel devrait être l'idée de base de votre nouvelle vie. Vous seul êtes responsable de votre existence. Si vous n'en appréciez pas la qualité, vous êtes le seul à blâmer. Rappelez-vous qu'il ne sert à rien de vouloir transformer des choses existant déjà alors qu'il est possible d'avoir toutes les choses à notre portée et disponibles en quantités illimitées. Pourquoi toujours vouloir modifier le passé alors que nous sommes appelés à vivre le présent et à bâtir l'avenir. Cet À-venir, nous seuls pouvons le construire à notre goût. Pour cela, nous devons prendre exemple sur la chenille qui accepte de mourir à sa vie pour exister sous forme de papillon. Tout comme la chenille est nécessaire au papillon, telle est notre expérience physique conduisant à la vie spirituelle. Tout comme la chenille, nous devons renaître à la vie pour en exprimer la Beauté et glorifier Dieu dans l'univers.

Le régime mental dont nous venons de parler est justement une étape possible et accessible à tous pour renaître à la vie. Une semaine de votre vie ce n'est pas beaucoup mais elle peut transformer le reste de votre existence. Vous ne pourrez plus jamais aborder les étapes de votre vie (non pas problèmes) de la même façon. S'il arrivait que vous n'ayez pas le temps d'entreprendre une telle semaine, rappelez-vous que vous aurez peut-être le temps, un jour, d'être malade ou de ne pas avoir accès à tout le bonheur qui vous était destiné.

Si par contre vous avez réussi votre semaine, vous aurez révélé au monde le Christ qui sommeillait en vous. Faites alors comme le dit la Genèse: le septième jour, Dieu se reposa. Vous aussi prenez maintenant du repos face à l'existence car vous avez acquis au cours de cette semaine la certitude que rien n'est impossible à Dieu. Il n'est pas plus difficile de remettre les péchés que de dire au paralytique: «va, prend ton grabat et marche». Cela vous le réalisez maintenant intérieurement et personne d'autre que vous ne peut changer cette conviction.

Après cette semaine de remise en question, vous êtes maintenant prêt à diriger votre vie. Plus question pour vous de l'affronter! Pour des raisons faciles à comprendre, il est préférable de ne parler à personne de votre expérience spirituelle ou régime mental (dans ce cas-ci); du moins pas avant de l'avoir terminé. Il est de même souhaitable d'attendre quelques jours après sa complétion pour que s'installe définitivement en vous ce que nous appellerons "l'automatisme de pensée positive". À vous ensuite de faire connaître au monde votre nouveau Moi dans toute sa Beauté, dans toute sa splendeur.

Pour prendre l'habitude de penser positivement et de vivre plus pleinement ou tout simplement de vivre spirituellement, il nous faut changer notre façon d'être intérieurement. Il nous faut renaître. L'expérience spirituelle ne se communique pas ou ne se pratique pas verbalement. Comme son nom l'indique, elle se vit intérieurement. Nous ne pouvons espérer un changement quelconque dans notre vie si nous ne mettons pas en pratique les paroles que nous prononçons. Un changement extérieur radical exige qu'il y ait eu un changement intérieur auparavant. Nul ne peut faire autrement. Tout le reste n'est que paroles sans sens, n'est que verbiage.

Nous avons parlé de la chenille qui se transforme en papillon et nous avons dit qu'il nous fallait renaître, tout comme elle, pour vivre spirituellement. Cette notion est si importante qu'il vaut la peine de nous y attarder.

Il faut que tu naisses de nouveau

Dans ces quelques mots est contenu tout le devenir de l'homme. Jésus, notre Maître spirituel, donna cette réplique à un docteur de la Loi appelé Nicodème. Ce dernier cherchait à comprendre pourquoi il ne réussissait pas à ouvrir son âme au trésor spirituel universel. Il avait compris beaucoup de choses dans sa vie mais cela lui échappait. Tout ce que nous devons savoir pour évoluer spirituellement est compris dans cette phrase. À elle seule, cette phrase résume des centaines de livres.

Comme notre façon de penser est le seul facteur responsable de la vie que nous vivons, la seule façon de la changer réside dans la transformation de cette façon de penser. Cette manière de vivre correspond à l'Homme que nous sommes et la seule façon de la modifier consiste en une transformation profonde qui fera de nous l'Homme nouveau que nous sommes appelés à devenir. Trop souvent, nous ne réussissons pas nos démonstrations car, au fond de notre cœur, le prix qu'il nous faut payer est un montant que nous ne sommes pas prêts à débourser. Malgré nos critiques envers nous-mêmes, nous aimons l'Homme que nous sommes et tout ce qu'il représente ou signifie; nous ne sommes pas prêts à le faire mourir pour que l'Autre puisse naître. Quelle que soit notre compréhension intellectuelle de l'évolution spirituelle, elle ne suffit pas à nous transformer comme nous le voudrions sans doute. Pour obtenir la pleine réussite, il ne peut y avoir de demi-mesure ou de demi-vérité et dans notre effort de transformation nous devons être Total et nous y donner corps et âme.

Très souvent, nous refusons de changer de peur d'être obligé d'abandonner des valeurs, des choses ou des êtres qui nous tiennent à cœur. Plutôt que de tenter notre chance, nous préférons vivre égoïstement (vivre pour notre ego). Qu'avons-nous réellement à perdre au cours de cette transformation? Rien si ce n'est que tout ce qui n'est pas favorable à notre bien-être peut disparaître! Peut-on exiger plus de la vie?

Lorsque Jésus prononça les paroles sur la nouvelle nature de l'homme, il parlait principalement de la relation mental-spirituel de ce dernier; cependant, beaucoup de personnes l'ont interprété autrement. Ceux qui n'étaient pas prêts à abandonner leur ego l'ont interprété ainsi: par le biais de la réincarnation et du karma, l'homme ira en se purifiant à travers les âges. Dès que l'on adopte une telle attitude, l'idée directrice du comportement humain devient: «pourquoi faire maintenant ce que l'on peut remettre à plus tard?». Il est même tout naturel de croire que toutes les mauvaises actions et les mauvaises pensées seront expiées dans une autre vie, dans une autre incarnation. Comme de toute façon l'existence d'une telle vie pour ces gens était bien incertaine, ils pensaient donc avoir de bonnes chances de s'en tirer à bon compte.

Le principal problème qui est associé à cette forme de prise de position est que l'on croit généralement qu'il est impossible de transformer sa nature au cours d'une vie. Cela doit nécessairement prendre beaucoup de temps, et comme les mots "il te sera fait selon ce que tu crois" s'appliquent selon une loi immuable et impersonnelle, la transformation ne se fera qu'au rythme que nous croyons être raisonnable!

Renaître à la Vérité n'est pas une chose facile. Il s'agit de soumettre chaque pensée et chaque croyance au feu divin. C'est rejeter sans chance de révision, car ce serait douter, tout ce qui ne résiste pas à cette épreuve. Tout notre comportement, sans exception, doit être révisé. Face à de telles exigences, est-ce étonnant que tous, sauf les esprits décidés à réussir, se soustraient à ce dur labeur? Bien sûr que non; mais cela explique fort bien pourquoi "beaucoup sont appelés et peu sont élus". Comme l'a dit Paul: «évoluez spirituellement c'est mourir chaque jour». Nous pourrions reprendre sa phrase en disant positivement: «. . . c'est naître chaque jour".

Pour vivre spirituellement, il faut nous séparer à jamais de tous les préjugés hérités ou acquis au cours de notre vie. De même, il faut chercher à éliminer tous les défauts de notre caractère ainsi que toutes les formes d'égoïsme qui nous tiennent à cœur. Au pire aller, nous devrons peut-être laisser aller ce à quoi nous tenons le plus ici-bas. Tel peut être le prix qu'il faille payer; mais rappelez-vous que s'il en est ainsi, c'est que vous aviez sûrement de fausses conceptions en ce qui concernait ce qui fait l'objet de votre perte.

Dieu, notre Père, ne cherche qu'à nous rendre la vie plus agréable et plus heureuse; nous faire perdre ce dont nous avons besoin ne figure certainement pas dans les plans qu'il a tracés pour nous. Malgré tout cela, il ne faut pas s'attendre à recevoir de la Loi plus que nous sommes prêts à payer. Il ne faut pas faire comme cet homme qui alla voir un harmonisateur pour que celui-ci lui fasse gagner un million de dollars. À la question de l'harmonisateur concernant le montant de la consultation, ce même personnage s'exclama: «est-ce que 10$ fera l'affaire!»

Notre progression dans l'expérience de la vie spirituelle peut se résumer comme suit:

1) Les livres sont souvent la première source d'information. Lorsque la lecture devient partie de l'expérience spirituelle, elle prend un caractère nouveau et très spécial. Nous ne faisons plus que lire mais nous interprétons, nous extrapolons la lecture.

2) En second lieu, nous avons l'occasion de rencontrer beaucoup de personnes qui partagent la même expérience que nous et qui sont susceptibles de nous faire progresser. Ces personnes sont placées sur notre route parce que nous en sommes au point où nous avons besoin de cette aide pour accéder rapidement à un autre stade de l'évolution.

3) Parallèlement à cette aide personnalisée, nous ressentons une certaine orientation ou une certaine "réponse" de la part de Dieu dans notre vie. Cet appel intérieur n'existe que lorsque nous avons prouvé notre détermination à rechercher Dieu dans notre vie. Il vient alors un temps où l'expérience spirituelle va au-delà de la relation avec les formes matérielles, car seule notre compréhension de la vie spirituelle a de la valeur.

Il est impératif de ne pas se lancer dans l'expérience spirituelle de façon vague et irréfléchie. L'honnêteté, le respect de soi et une volonté de rechercher la Vérité sont des qualités indispensables à qui veut progresser spirituellement. S'engager à la légère dans un tel domaine peut mener à une grande confusion de l'esprit et nous causer une foule de problèmes. Plutôt que de tenter une expérience sans grande conviction, il vaudrait mieux s'abstenir car de toute façon nous en ressortirons changés: en bien ou en mal suivant CE QUE NOUS CROYONS.

Chapitre 5

LE BONHEUR PAR
LA PRIÈRE SCIENTIFIQUE

OUS AVONS VU AU COURS DU CHAPITRE PRÉCÉDENT, l'importance de l'expérience spirituelle dans notre vie ainsi que quelques façons de vivre cette expérience au fil des jours. Que nous le voulions ou non, que nous en prenions conscience ou non, nous vivons à chaque instant de notre vie des expériences qui découlent directement de notre passé. Tout comme le cultivateur récolte en automne ce qu'il a semé au printemps, nous récoltons aujourd'hui ce que nous avons semé en pensées par le passé.

Notre mental ne dort jamais. Il est éveillé même lorsque nous dormons et est conscient même lorsque nous attachons peu d'importance à ce qui se passe autour de nous. Notre mental capte toutes les impressions, bonnes ou mauvaises, que nous recevons; nul être humain n'obtient en expérience que ce qui vient à partir de son mental.

C'est au travers de ce même mental que Jésus, notre Guide spirituel, a essayé de nous montrer le Chemin à suivre et la Vie à vivre. Son enseignement il l'a voulu vrai et applicable à tous les âges. C'est d'ailleurs pour cette raison qu'il l'a exprimé en paraboles; pour que certains entendent mais ne comprennent pas, qu'ils voient mais ne comprennent pas! Cette façon de faire, bien que pouvant paraître curieuse, est cependant la seule qui puisse résister à l'épreuve des ans et des gens. En effet, il est très difficile de cacher le sens de pareilles déclarations car, sous des caractères historiques, elles transmettent des idées d'une grande spiritualité. Par le biais de certaines paraboles,

Jésus nous renseigne sur l'évolution spirituelle. L'une d'entre elles est particulièrement révélatrice; il s'agit de la parabole du figuier stérile.

"Un homme avait un figuier planté dans sa vigne. Il vint pour y chercher du fruit, et il n'en trouva point. Alors il dit au vigneron: «voilà trois ans que je viens chercher du fruit à ce figuier, et je n'en trouve point. Coupes-le: pourquoi occupe-t-il la terre inutilement?» Le vigneron lui répondit: Seigneur, laisse-le encore cette année. Je creuserai tout autour et j'y mettrai du fumier. Peut-être à l'avenir donnera-t-il du fruit; sinon tu le couperas".

Dans cette parabole, Jésus met le ton, encore une fois, sur la mesure dont nous nous servons. Il insiste sur le fait que quelles que soient notre pensée ou nos actions, nous en tirerons toujours la réaction qui lui est équivalente. Il ressort aujourd'hui clairement que les pensées sont des choses et que tout ce qui s'accumule sous forme de pensées sort un jour ou l'autre sous forme d'expérience physique. Lorsque nos pensées sont statiques ou négatives, nous sommes comme le figuier stérile. Nous ne produisons aucun fruit et notre seule récompense ne peut être que la maladie ou des problèmes de tout ordre. Notre seule chance de salut consiste dans le repentir ou plus simplement dans une modification majeure de notre façon de penser; car si nous ne veillons pas à remplir notre mental de choses agréables et positives, ce dernier absorbera tout le négatif qui se présente à lui. Nous devrons alors nous attendre au pire dans notre vie.

L'évolution et le progrès commencent chez l'homme par le contrôle de la pensée. Cette dernière est sa source de propulsion dans l'univers de l'évolution spirituelle. Si l'homme s'arrête de penser, ou plutôt cesse d'augmenter le potentiel de son conscientiel, il deviendra très vite comme le figuier. De même, si l'homme répète sans cesse les mêmes vieilles expériences sans les comprendre dans sa vie, il s'arrête de penser et meurt à l'évolution. Tout comme le figuier doit produire des fruits, l'homme aussi se doit d'en produire. Car la Vie se réclame de la vie et exige que l'individu permette à sa nature divine de s'extérioriser.

Bien des humains refusent ce privilège à la vie; mais sans même s'en douter, ils ne savent pas qu'ils sont spirituellement morts car ils travaillent et parcourent la vie sans but ni convictions. Ils ne portent rien au-dedans d'eux-mêmes et ce qui se produit dans leur vie n'est que la piètre représentation de leur vie intérieure. Mais que ces gens se rassurent, tout n'est cependant pas perdu. Tout comme le vigneron plaide pour son arbre et veille à lui accorder un sursis, l'homme a aussi droit à une autre chance. La compréhension des lois mentales et la reconnaissance de la Puissance Créatrice, qui agit à travers nous, permettent à l'homme de se replacer sur la bonne Voie. L'homme, au moment le plus désespéré, pourra toujours compter sur l'aide que peut lui apporter Dieu son Père. Car dès le moment où nous cherchons à rejoindre Dieu dans notre vie, la Vie répond à toutes nos demandes avec une grande abondance.

Mais Jésus, en plus de nous rappeler qu'il nous faut produire des fruits ou vivre des expériences spirituelles, nous parle aussi de notre devoir envers les autres. Dans la parabole de la chandelle, il dit:

"Vous êtes la lumière du monde. Une ville située sur une montagne ne peut être cachée; et on n'allume pas une lampe pour la mettre sous le boisseau, mais on la met sur un chandelier et elle éclaire tous ceux qui sont dans la maison".

La lumière dont il est question ici, concerne l'entendement du mental. Lorsque nous sommes la lumière du monde c'est que nous avons réussi à discipliner notre mental et à le rendre sensible à la pensée spirituelle. Nous comprenons que la Puissance Universelle Créatrice est à l'œuvre, plus que jamais, à travers nous. Mais que pouvons-nous faire de cette connaissance? Jésus, encore une fois, nous met en garde contre une utilisation insensée de la Puissance qui siège en nous. Dans la parabole du sel de la Terre il déclare que ceux qui savent ce qu'est l'asservissement aux choses matérielles et qui ont des notions de la Nature de l'Être sont le sel de la terre et la lumière du monde. Ceux-là ont compris que la Vérité et la Réalité des choses se situent bien au-delà des sens et des idées que nous nous en faisons. Il ne faut cependant pas croire que c'est suffisant de connaître les principes fondamentaux, de les accepter sans les mettre en pratique. Cette façon de voir les choses est très dangereuse car tout comme le sel de la terre perd sa valeur ou sa saveur, ainsi l'homme qui ne pratique pas ne vaut guère mieux que celui qui ne sait pas. Nous pourrions même dire que sa situation est plus précaire car le dernier a au moins l'excuse de ne pas avoir encore pris conscience de ses pouvoirs. Si par contre, nous décidons d'appliquer la Vérité dans notre vie et que nous vivons en fonction de nos expériences spirituelles, alors nous serons nommés la lumière du monde car par notre exemple, nous montrerons le chemin à nos frères qui évoluent comme nous l'avons fait.

La prière scientifique

Qu'est-ce que la prière scientifique, comment pouvons-nous l'interpréter et pourquoi devons-nous y recourir? Voilà sans doute les questions qui vous viennent à l'esprit. Ce chapitre étant celui duquel vous attendez le plus d'information concrète, j'aimerais me réserver le droit de traiter ce qu'est la prière scientifique en second lieu. Cette façon d'opérer a pour avantage de parler des méthodes à utiliser pour prier après vous avoir fait découvrir les phases qui font que vous devriez avoir recours à la prière scientifique. Regardons d'abord la question: «pourquoi devons-nous y recourir"?

Comme nous l'avons déjà mentionné à plusieurs reprises, notre vie présente est tributaire de notre passé ou plutôt de la façon dont nous pensions ou agissions dans le passé. Nous savons déjà que toute pensée est créatrice et que sa réalisation ne dépend que du degré d'affectivité que nous apportons à l'imagerie mentale. Notre démonstration consciente ou non sera toujours proportionnelle à l'intérêt que nous portons à une pensée. Il y a un dicton qui veut que l'on oublie facilement les mauvais moments de notre vie mais que l'on se souvienne à jamais des bons. Ce dicton s'avère vrai à long terme mais ne semble pas s'appliquer à court terme. Les soucis et les peurs de toutes sortes hantent plus facilement notre esprit que les bonnes pensées. Autrement dit, chaque humain est un peu masochiste (aime à se faire du mal). Il aime se complaire dans les difficultés car cela crée une bonne occasion pour se faire plaindre. De plus, l'humain réussit ainsi à capter l'attention de ses voisins sur sa personne, ce qui gonfle son Ego pour survivre. Quand un homme arrive au fond de l'abîme, lorsqu'il a brûlé en lui toute vanité, toute jalousie, alors cet homme ne peut que remonter à la surface. Cet être sera certainement changé car sa nature toute entière aura été transformée et son échelle de valeurs reconstruite avec des matériaux (pensées) neufs.

Pour la majorité d'entre nous, c'est le chemin que la Vie se voit forcée de nous indiquer, de nous faire parcourir.

Rien, cependant, ne stipule qu'il doive en être ainsi. "Il vous sera toujours fait selon ce que vous croyez" est la phrase que Jésus utilise pour nous prouver le contraire. Si nous acceptons de croire qu'il nous faut souffrir pour évoluer alors sûrement nous souffrirons. Pour ceux qui ont adopté cette manière d'être comme la base de leur philosophie, il nous faut espérer qu'ils ne se feront par trop mal. Personne ne désire que nous souffrions, surtout pas Dieu. Notre Père d'Amour ne peut nous aimer et nous faire souffrir en même temps. Pour reprendre la phrase de Jésus, nous pouvons dire, n'en déplaise à certains, que nous souffrons parce que telle est notre décision secrète.

Jésus nous a été envoyé pour nous montrer que la souffrance est inutile et que la réussite de notre évolution n'en dépend nullement. Pour beaucoup d'entre nous, les problèmes et la souffrance agissent comme un voyant lumineux qui nous avertit de la faute commise ou du laisser-aller qui mènera à la dite faute. Combien de personnes connaissez-vous qui ne se soucient pas du tout de la Présence de Dieu dans leur vie jusqu'au moment où elles sont prises à leur propre piège de négligence? De même, nombreuses sont ces personnes qui dès l'épine arrachée s'en retournent vivre leur vie sans but jusqu'à la prochaine étape. Ces personnes devront vivre des existences multiples et ne feront que de maigres progrès car elles pèchent contre l'évolution en refusant consciemment de tirer des leçons de leurs épreuves.

Dieu est omniscient, omniprésent et omnipotent. Dans son désir de justice et d'amour il nous a créés Créateurs libres. En tant que créateurs, nos démonstrations sont dépendantes de notre prise de conscience de cette puissance emmagasinée en nous. Le domaine de notre création est bien entendu ici-bas, sur Terre. Cependant, l'essentiel de notre travail doit se faire dans le domaine Mental. Dans ce domaine nous retrouvons les mêmes relations de principe que dans notre univers matériel ou tridimensionnel. Tout comme dans le domaine matériel, le domaine mental est assujetti à des règles et à des lois bien précises que nul ne peut espérer éviter sous prétexte de ne pas les connaître. Sur Terre, si nous commettons un acte qui va à l'encontre des lois sociales, donc des lois humaines, nous serons châtiés malgré notre mauvaise connaissance de ces lois. Il est donc très important de bien connaître nos droits face aux lois qui régissent le domaine mental.

Une de ces lois nous touche plus particulièrement: il s'agit de ce que nous appelons la Loi de Cause à effet. Bien que peu apparente quelques fois, elle existe et est à l'œuvre en tout temps. C'est cette loi qui fait que la justice règne dans le monde et que notre dû nous est toujours rendu. C'est aussi par cette loi que se crée, ce que les Orientaux appellent, le karma.

La loi de cause à effet est égale pour tout le monde et immuable dans le temps. Elle agira selon ce qui semblera être en notre faveur, ou contre nous, suivant les données que nous lui fournissons. Nous seuls pouvons définir la qualité des matières premières que devra utiliser la loi. Que nous soyons riches ou pauvres, elle agira selon sa constance coutumière. Il faut toujours se rappeler que la loi n'est pas sélective et que nul ne peut la modifier. Tout au plus, pouvons-nous lui fournir l'occasion de nous faire du bien en entretenant des pensées de meilleure qualité. Tout cela ne dépend que de nous. Si nous dirigeons notre vie, la loi Elle est celle qui crée les expériences de notre vie.

Nous sommes des créateurs libres et nous avons à chaque instant de notre vie un choix à faire. La loi, Elle, sait comment créer la situation qui peut répondre à nos besoins. Elle ne sait cependant pas pourquoi elle crée et n'a aucun choix à faire. De cette façon, et uniquement de cette façon, peut-elle demeurer neutre. L'application de la loi est comparable à un traitement de données grâce à un ordinateur.

L'ordinateur est programmé pour nous fournir une réponse au moyen de calculs mathématiques complexes. La seule chose qui ait de l'importance pour lui c'est l'information de départ du programme. Dès que les données de base du problème lui sont fournies, l'ordinateur fait son travail sans se soucier de la véracité de ces données. À cause de sa structure de fonctionnement, l'ordinateur est complètement indépendant de la réponse et ne se soucie guère des résultats. Dans le cas où ces derniers s'avèrent faux, il y a fort à parier que les données de base étaient erronées ou que la transmission de celles-ci à la machine a été mal faite. Que feriez-vous si un tel cas se présentait dans votre travail par exemple? Il est à prévoir que vous vous empresseriez sûrement de vérifier les données ainsi que la façon dont vous les avez exploitées.

Eh bien, il ne peut en être autrement de la Loi de cause à effet. Si la loi ne produit pas dans notre vie les évènements que nous attendons, il y a fort à parier que les données de base (LES PENSÉES) que la loi reçoit sont erronées ou mal transmises. L'exemple qui suit pourra certainement mettre en lumière ce que nous entendons par la mauvaise transmission des données en ce qui concerne nos pensées.

Disons tout d'abord que vous avez assez de facilité à pardonner et que vous le faites généralement de bon cœur. Mais dans les profondeurs de ce dernier, il demeure un reste de ressentiment, bien faible faut-il ajouter, envers une vieille connaissance. Ce vestige de ressentiment vous ne voulez pas vous en séparer car, pensez-vous, la situation était vraiment trop injuste à votre égard. À votre insu, cette petite lacune dans le pardon travaille contre vous par l'intermédiaire de la loi en veillant à ce que votre bonheur ne soit jamais aussi parfait que vous le souhaiteriez. Ainsi donc vous voyez que la transmission de vos données à la loi est faussée de la même manière qu'un point mal placé dans un chiffre en change toute la signification. Bien que tous les éléments soient présents, ils ne sont pas à la place qui leur convient.

Tout comme pour l'ordinateur, et si tel est votre cas, ne serait-il pas raisonnable de repenser à votre situation et d'essayer de faire une autocritique de votre schème de pensée de façon à déterminer ce qui ne va pas. Vous seuls en êtes juges!

Mais revenons à la pensée et à son influence dans notre vie. Nous avons déjà vu que toutes les pensées sont créatrices et cela il ne faut surtout pas l'oublier. La réalisation de ces pensées ne dépend que du degré d'affectivité que l'on apporte à l'imagerie mentale qui les compose. Bien qu'à la naissance de la pensée nous puissions parler de pensée pure, bientôt celle-ci se pare de d'émotivité et se fixe ainsi fortement en nous. Cette pensée, à laquelle nous nous enchaînons, sera celle qui guidera la loi dans son exécution.

De nous, et de notre façon de penser, dépend notre liberté ou notre servitude. Ces deux manières d'être ne sont en fait que deux façons différentes d'exprimer une possibilité et une liberté illimitées de Penser. Car toute la Puissance Créatrice qui est au-dedans de nous se révèle au travers de notre conscience d'être. Plus simplement, nous pouvons dire que nous sommes libres de vivre Bien, Heureux et en

Paix mais nous sommes aussi libres de favoriser notre Ego au dépens de notre aspiration spirituelle et divine. Suivant le choix que nous ferons, la loi se chargera de répondre à notre proposition.

La réponse de la loi sera, de loin, plus précise que tout instrument de mesure que nous puissions imaginer. À une action, ou pensée, elle juxtaposera une réaction d'ordre physique ou mental. Comme son seul but est de nous servir, que nous lui demandions ou non n'a aucune importance. Alors pourquoi ne pas faire en sorte de l'utiliser à bon escient, c'est-à-dire au profit de notre nature spirituelle, de notre nature divine.

L'application de la Loi

Pour bien nous faire comprendre l'application de la Loi et ses effets dans notre vie, Jésus nous a laissé trois paraboles: les ouvriers de la vigne, les pièces d'or et les méchants vignerons. Étudions-les une à une et essayons de les interpréter de façon à voir comment elles pourraient s'appliquer dans notre vie.

Les ouvriers de la vigne

"Un propriétaire sortit tôt le matin afin d'engager des ouvriers pour sa vigne. Il fut d'accord pour leur payer le salaire habituel, une pièce d'argent par jour . . . Il sortit de nouveau à neuf heures et en vit d'autres . . . Il leur dit allez, vous aussi, travailler dans ma vigne et je vous donnerai un juste salaire . . . Le propriétaire sortit encore à midi, à trois heures et enfin à cinq heures et fit de même . . . Quand vint le soir, il les fit appeler pour leur payer leur salaire. À ceux qui avaient commencé à cinq heures, il donna une pièce d'argent. Quand ceux qui avaient été engagés en premier virent cela, ils pensèrent qu'ils en recevraient plus; mais on leur remit aussi à chacun une pièce d'argent. Ces derniers s'indignèrent contre le propriétaire . . . Le propriétaire leur répondit: mon ami, je ne t'ai pas trompé. Tu as été d'accord de travailler pour ce salaire . . . J'ai le droit de faire ce que bon me semble de mon argent . . ."

Ainsi, ajouta Jésus, ceux qui sont les derniers seront les premiers et ceux qui sont les premiers seront les derniers.

La parabole des pièces d'or

"Un homme devant être nommé roi devait partir en voyage. Avant de partir, il appela dix serviteurs, leur remit à chacun une pièce d'or et leur dit: faites du commerce avec cet argent jusqu'à ce que je revienne . . . À son retour, il fit appeler ses serviteurs pour savoir ce qu'ils avaient gagné. Le premier dit: maître, j'ai gagné dix pièces d'or. Le roi dit: c'est bien et puisque tu as été fidèle dans de petites choses, je te nomme gouverneur de dix villes . . . Le deuxième serviteur se présenta et dit: maître, j'ai gagné cinq pièces d'or. Le roi dit: je te nomme gouverneur de cinq villes. Un autre serviteur vint et dit: maître, voici ta pièce d'or; je l'ai gardée cachée dans un mouchoir. J'avais peur de toi . . . Le roi dit: mauvais serviteur, je vais te juger sur tes paroles. Enlevez-lui cette pièce d'or et donnez-la à celui qui a dix pièces . . ."

Je vous le dis, à celui qui a l'on donnera davantage; tandis qu'à celui qui n'a rien on enlèvera le peu qu'il a.

La parabole des méchants vignerons

"Il y avait un propriétaire qui planta une vigne . . . Il la loua à des ouvriers vignerons et partit en voyage. Quand vint le moment de récolter le raisin, il envoya ses serviteurs vers les ouvriers vignerons pour recevoir sa part du raisin. Mais les vignerons maltraitèrent les serviteurs. Le propriétaire envoya son fils en se disant: ils auront du respect pour mon fils. Mais les serviteurs le tuèrent.

Quand le propriétaire de la vigne viendra, que fera-t-il donc à ces vignerons? Le Royaume des Cieux vous sera enlevé pour être donné à un peuple qui produira les fruits propres à ce royaume . . ."

Que pouvons-nous vraiment retirer de ces trois paraboles qui nous parlent du Royaume des Cieux? Regardons tout d'abord le comportement des ouvriers de la vigne. Dans cette première parabole, il est clairement établi que tous sont appelés à faire le même travail et que chacun a accepté de travailler suivant un même salaire établi à l'avance. Ceux qui s'indignent de ne recevoir plus que les autres renient en quelque sorte leur contrat. L'indignation, chez eux, est plutôt un signe de jalousie et de frustration. Cette dernière provient principalement du fait qu'ils regrettent de ne pas avoir demandé plus.

Cette parabole, comme tant d'autres, peut s'interpréter de nombreuses façons. Si nous prenons par exemple le côté physique, elle signifie qu'il nous sera toujours fait selon notre croyance. Ce n'est pas parce que nous découvrons de nouvelles possibilités dans notre vie qu'elle en est changée pour autant. En prendre conscience et ne pas passer aux actes ne changera pas les effets que la Loi apporte dans notre vie. Tout comme les travailleurs de la première heure, nous nous indignons de ne pas voir transparaître facilement dans notre vie la nouvelle conception mentale que nous avons, bien entendu, intellectualisée. Pourtant, la règle est simple; il nous faut appliquer les lois mentales dans notre vie et voir à ce que nous ne manquions de rien. Se contenter de moins ne met que nous en cause.

Vue du côté spirituel, cette parabole prend une toute autre signification. Tout d'abord, elle nous dit que la récompense d'un travail spirituel est la même pour tout le monde. La compréhension de la Réalité Spirituelle ne s'atteint pas nécessairement par un travail acharné. Dans ce cas précis ce serait même le contraire car il faut éviter les efforts de volonté qui ne font que nous retarder. La récompense dont il est question ici c'est bien entendu la découverte de notre nature divine et avec elle la paix et le bonheur.

Au premier abord, les gens ont tendance à aborder la Réalité spirituelle comme une étude à faire. Une étude qui, si l'on fait bien nos devoirs, nous apportera la félicité. Malheureusement, l'évolution spirituelle ne fonctionne pas ainsi. Il nous faut croire à tout ce que nous faisons ou pensons car il existe dans l'évolution des étapes à franchir que le temps, pour une fois, ne gère pas.

N'en déplaise à ceux qui s'intéressent au domaine spirituel depuis bien longtemps, ils ne sont pas nécessairement plus évolués spirituellement pour autant. Jésus avait donc bien raison de dire que les premiers seront les derniers et les derniers seront les premiers!

Regardons maintenant la seconde parabole: celle des pièces d'or. Dans celle-ci, Jésus nous explique clairement la règle à suivre pour obtenir ce que l'on désire. Cependant, du même coup, il nous met en garde quant à la conséquence de nos actes: à celui qui a l'on donnera davantage et à celui qui n'a rien on enlèvera même le peu qu'il a. Comment pouvons-nous rapprocher cette parabole de notre vie?

Chacun de nous possède en lui tous les atouts lui permettant de réussir sa vie et d'accéder à sa nature divine et à la vie spirituelle. Au départ, et peu importe notre milieu, nous avons tous reçu cette pièce d'or. En tant que créateurs libres, nous sommes libres d'en user comme bon nous semble. Tout est laissé à notre discrétion. Tout comme le bon serviteur, nous pouvons décider de l'investir et de la multiplier sous forme d'expériences dans notre vie ou bien nous pouvons tout simplement nous contenter d'un acquis parfois bien incertain. Cette pièce d'or que nous possédons en nous est la créativité de notre pensée. C'est aussi, par le fait même, la possibilité de faire usage de la Puissance Universelle qui imprègne, qui habite chaque parcelle de l'univers. Cette réserve de cadeaux est là, à notre portée, et n'attend que le moment où nous allons nous décider à en prendre possession. Tout comme personne ne peut nous forcer à multiplier cette pièce d'or, de la même manière rien ni personne ne peut nous obliger à nous servir de cette Puissance contenue en chacun de nous.

Il faut cependant noter que lorsque nous refusons de comprendre le bon sens, la vie souvent se charge de nous le faire comprendre.

La Loi de Cause à Effet est l'outil mis à notre disposition pour nous permettre de mettre en pratique la Puissance qui est en nous. Son utilisation fera en sorte que la balance penchera en notre faveur ou contre nous suivant nos agissements et nos désirs. Celui qui ne désire pas reconnaître sa véritable nature prend le risque de ne pas voir son bonheur se multiplier et, ce qui est encore pire, c'est que les problèmes comme les mésententes, les maladies et la pauvreté peuvent devenir monnaie courant dans notre vie.

Si par contre, nous décidons de voir à ce que la Loi ne travaille qu'à partir de pensées positives, nous pouvons alors espérer réussir notre vie.

Plus nous donnerons, plus nous recevrons. Plus besoin de se soucier de l'avenir car il ne peut être autre chose que merveilleux. L'argent, la santé, le bonheur, l'harmonie et la paix ne sont que quelques atouts qui viendront assurer notre félicité. À chaque fois que nous posons des causes justes, la Loi fait en sorte que les effets soient en notre faveur et rectes. Vivons donc Dieu dans notre vie et alors nous serons certains de tout recevoir par surcroît.

La troisième parabole nous éclaire mieux sur nos agissements, sur nos désirs et sur nos réactions face à la Vie. Dieu, tel le propriétaire de la vigne, nous donne la possibilité de vivre heureux grâce à l'utilisation correcte de la Puissance Universelle. Sans elle nous sommes limités et confinés. Grâce à elle, tout nous est possible; nous pouvons abaisser toutes les barrières qui osent se dresser devant nous. N'en est-il pas de même pour le vigneron? Que deviendrait-il sans sa vigne? Si cette dernière n'existait pas il ne pourrait jamais exercer ses talents et faire preuve de ses connaissances et de ses capacités. De même, lorsque nous refusons de nous servir de la Puissance qui réside en chacun de nous ou que nous nous en servons délibérément pour faire le mal, nous nous exposons à en payer le prix tôt ou tard.

Comme tout bon père, Dieu ne punit pas parce qu'il est Amour et c'est pour cela qu'il nous a créés libres. Cependant, la Loi de cause à effet est présente dans l'univers pour maintenir l'ordre et l'équilibre. Comme nous sommes des créateurs libres, nous pouvons l'utiliser comme bon nous semble mais du même coup nous prenons la pleine responsabilité de nos actes. Tout au long de notre existence, des signaux d'alarme se font entendre pour nous avertir des déviations que nous avons décidées de faire. Ces signaux prennent souvent la forme de maladies ou de perturbations graves dans notre vie. Ces signaux peuvent être mineurs, et donc se résoudre assez facilement, ou peuvent être beaucoup plus graves. Lorsque l'avertissement est majeur, il est possible que la cause soit tellement puissante que les effets dévastateurs se fassent sentir très rapidement pouvant même, dans certains cas, mener jusqu'à la mort.

En résumé nous pouvons dire que ces trois paraboles nous montrent à la fois le chemin à suivre et les écueils à éviter tout au long de notre évolution. De même, elles expriment de façon claire et précise l'application de la Loi dans notre vie, à savoir que nous serons servis par la même mesure que nous utilisons. Rappelons-nous les paroles que Jésus nous a laissées: Aimez-vous les uns les autres . . . Aimez votre prochain comme vous-mêmes. Avant d'aimer les autres, nous devons apprendre à nous aimer, à nous accepter.

Avant de juger et de condamner, nous devons nous juger et tenter de gagner le respect des autres par la sagesse que nous savons démontrer face à eux. Que nous fassions le Bien ou le Mal autour de nous, tôt ou tard cela nous sera rendu au centuple, et très souvent, par des personnes complètement indépendantes de l'acte en question. S'il s'agit d'un jugement sur le comportement d'un de nos frères, il faut se dire que le même reproche peut nous être fait; généralement notre critique n'a pour base que deux raisons:

1) nous cherchons à abaisser les autres pour nous mettre en valeur.
2) nous exprimons une certaine forme de jalousie envers celui qui ose faire ce que nous aimerions faire.

Jésus n'a-t-il pas dit: «enlève d'abord la poutre qui est dans ton œil et alors tu verras pour enlever le brin d'herbe dans l'œil de ton frère". Encore et plus que jamais il avait raison car la Loi, étant impersonnelle et immuable, ne peut nous accorder de faveurs spéciales. Nous serons toujours traités avec la même mesure dont nous nous servons!

La Loi, bien que réagissant à nos actions, est beaucoup plus influencée par nos pensées les plus intimes car l'énergie contenue dans ces dernières est beaucoup plus subtile et plus aisément transformable que celle d'un acte anodin. Rappelez-vous que selon ce que l'homme pense, ainsi la Loi produit dans sa vie. Au tout début de notre évolution, une désobéissance à la Loi d'amour, par exemple, entraîne nécessairement des effets qui nous seront défavorables dans notre vie. Ces effets, bien que réels, sont quand même au tout début atténués à cause de notre piètre connaissance de la Loi. Essayons de revoir cette notion sous forme d'exemple.

Supposons que vous soyez étranger dans un pays ou dans une ville et que dans la ville d'où vous venez tous les biens appartiennent à tous. Rien de mal à ouvrir le réfrigérateur du voisin pour y prendre quelques œufs. Il fera de même lorsque le besoin s'en fera sentir. Qu'arrivera-t-il si vous en faites autant dans la nouvelle ville où cette action est défendue par une loi? Vous serez sûrement accusé de vol et l'on jugera votre acte en tribunal. Si votre délit est mineur, les charges retenues contre vous le seront aussi; mais dans le cas où vous récidiviez, la seconde sentence sera beaucoup plus sévère.

Il en va de même de l'application de la Loi. Nous ne serons pas excusés parce que nous ignorons l'existence de la Loi. Cependant, plus grande est notre connaissance spirituelle, plus rude est le châtiment que nous nous attirerons si nous la transgressons. Dans notre vie, il convient non seulement de vivre suivant les grands principes de la Loi, mais nous devons aussi nous y conformer dans les moindres détails. Nous ne devons pas nous contenter de nous conformer simplement aux principes de la morale commune; nous devons en plus vivre selon les conceptions les plus élevées de l'honneur et pratiquer le culte de l'Amour. Enfin, pour réussir notre vie et permettre à la Loi d'embellir notre chemin, il nous faut bannir tout ressentiment et surtout ne plus porter de jugements. N'oubliez pas que toute critique nous ferme la porte à l'entendement spirituel et à la réalisation de la prière scientifique.

La Loi en action et le karma

Jusqu'à maintenant nous avons vu pourquoi et selon quels principes la Loi est appliquée à notre vie. Il serait grand temps d'en connaître le comment. Lorsque nous entretenons des pensées négatives, nous demandons à la Loi de faire en sorte que l'on retrouve ces éléments négatifs dans notre vie. Les Orientaux ont appelé cette action de la Loi, le karma.

Le karma, et non la loi karmique comme certains l'appellent, n'est pas immuable ou même nécessairement instantané. En fait, il constitue pour chacun de nous un coffret de banque où nous allons déposer nos économies provenant de nos expériences. Ces économies peuvent être positives ou négatives selon le cas, selon notre bon vouloir. Nous pouvons faire l'analogie avec un compte bancaire où les bonnes actions constituent un crédit à notre compte et les actions négatives constituent un débit. Si nous supposons que vous augmentiez votre avoir à la banque, il vous sera alors possible d'acheter ce que vous désirez depuis si longtemps; pour ce qui est du compte en banque contenant les économies de nos expériences, il servira à nous assurer le bonheur.

Comme nous le disions auparavant, toutes les causes que nous posons sont reprises par la loi qui automatiquement produit des effets leur correspondant. Ce sont justement ces effets qui sont contenus dans le karma et qui se manifesteront un jour ou l'autre dans notre vie sous forme d'expériences bonnes ou mauvaises selon le cas. Bien qu'il nous soit impossible de nier l'existence de ces effets, car l'action de la Loi est immuable, il est cependant possible d'en atténuer l'impact en plaçant d'autres causes dans la Loi pouvant soulager ou atténuer les répercussions des premières.

Bien entendu, il n'est pas chose facile de modifier les effets auxquels nous avons à faire face dans notre vie, mais la situation n'est jamais désespéré et souvent un repentir sincère, accompagné d'un changement radical de notre mode de vie peuvent s'avérer suffisants.

Pour reprendre brièvement ce qui précède disons que toutes les pensées amènent une action de la Loi qui est automatique et immuable, et que cette relation pensée-Loi en exécution s'appelle le karma. En d'autres mots, ce dernier est la résultante logique de l'association de la pensée à notre vie par l'intermédiaire de la Loi. La mise en pratique du karma peut se faire par la découverte du bonheur ou de la prospérité dans le cas positif ou par la maladie et les bagarres dans le cas négatif.

Le karma est présent dans notre vie et peut nous suivre pendant plusieurs existences, dans un autre lieu ou dans un espace-temps différent. Le danger spirituel qui guette ceux qui croient qu'ils pourront toujours s'acquitter de leur karma au cours d'une prochaine vie est qu'ils perdent le temps d'une existence au profit du plaisir dénaturé dont ils ne comprennent pas toujours le sens d'ailleurs.

Le karma, ou la banque, est le point de départ de plusieurs situations qui agrémentent notre vie. Ces situations ont pour but de voir à ce que l'univers demeure en équilibre en tout temps. Puisque nous sommes créateurs libres, nous devons assumer la responsabilité de nos prises de position, qu'elles soient bonnes ou mauvaises. L'avenir peut sembler bien triste à force d'entendre parler des effets qui peuvent survenir au cours de cette existence ou d'une autre. Pour bien des gens, une mauvaise compréhension du phénomène du karma peut mener à une impasse de laquelle il est souvent difficile de sortir. En Orient, là où le message du Christ n'a pas pénétré, plusieurs personnes posent des causes qu'ils croient devoir payer dans une existence future; et comme il nous sera toujours fait selon nos croyances . . . Dans un tel cas, le problème est que ces gens seront toujours en retard d'une vie car à l'heure actuelle ils subissent celles de la précédente et ils sont sûrs qu'ils ne peuvent rien y changer!

Contrairement à ce que ces gens, et bien d'autres, peuvent penser, l'enseignement de Jésus, dit le Christ (Vérité spirituelle absolue en toutes choses), nous apprend que le Christ en nous est vainqueur du karma. Par l'élévation spirituelle que nous apporte la prière scientifique nous pouvons vaincre le karma. En d'autres mots, cela veut dire que peu importe nos actions passées, tout peut être racheté par le Christ en nous, au cours de l'existence présente. Plus besoin de reporter notre rachat à plus tard. Pourquoi remettre à plus tard ce qui peut être fait maintenant. Ne savez-vous pas que le jour du salut c'est aujourd'hui même!

Vos désirs

Avant de parler de prière scientifique, il nous faut tout d'abord essayer de comprendre les raisons qui nous poussent à poser certains actes dont nous sommes d'ailleurs très peu conscients. Le but de la prière étant de répondre à un besoin ou de corriger une situation, il est donc tout naturel de chercher à décrire ces besoins ou ces situations.

Regardons notre vie par la lentille d'un microscope assez puissant pour nous révéler les carences de notre existence. Que voyons-nous à travers de l'oculaire du microscope?

Tout d'abord, à faible grossissement, nous voyons un corps et un esprit parfaits. À ce niveau il ne semble pas y avoir de problème. La personne se dit elle-même heureuse et particulièrement comblée. Tout cela est merveilleux mais regardons maintenant à un plus fort grossissement.

À ce grossissement, nous pouvons remarquer que la plupart du temps la personne n'aime pas son corps. La forme de son nez ou de sa bouche est affreuse; elle serait bien plus agréable si elle ressemblait à celle d'un certain acteur ou d'une certaine personnalité. En plus de ce problème de forme, la digestion se fait mal et très souvent la personne se sent étouffer. Quoi qu'elle en dise, elle est mal à l'aise dans son corps. En étant très attentifs, nous pouvons quelques fois déceler un mal bien plus grave représentant des blessures plus profondes. Ces blessures peuvent être de deux types: corporelles ou mentales. Les premières n'ont pas besoin d'explication car chacun de nous a ses problèmes physiques. Les blessures mentales, elles, sont beaucoup plus difficiles à analyser et souvent même à percevoir.

Augmentons encore le grossissement et regardons de plus près ces blessures. Que voyons-nous? Tout d'abord, nous constatons que la personne, souvent malgré elle, cherche à nourrir son Ego. Elle se compare sans cesse aux autres et désire tout obtenir même si ce n'est ni nécessaire ni même utile. Enfin, elle envie le bien des autres. Ne croyez-vous pas que toute cette dose de jalousie, d'envie ou d'égocentrisme doivent se décharger quelque part? Ne cherchez pas plus longtemps où se trouve cet endroit car vous l'avez examiné tout à l'heure. Il s'agit en effet du corps et de son environnement.

Revenons maintenant à ce qui nous porte à avoir recours à la prière scientifique. Que ce soit pour un bien matériel ou pour un être compagnon d'existence, lorsque quelque chose nous manque nous cherchons à combler la lacune par tous les moyens dont nous disposons. Dans un tel cas, le gros problème est que nous désirons tout simplement trop de choses en même temps et ne savons pas toujours déterminer des priorités que nous respecterons. De toute façon, supposons malgré tout que nous avons nos priorités, comment devons-nous les verbaliser afin d'en prendre vraiment conscience?

Toute verbalisation doit nécessairement se faire au moyen du vocabulaire courant. Ce faisant, l'usage commun de certains termes éloigne leur définition acceptée de leur essence. Cela est particulièrement vrai pour le terme qui nous intéresse présentement. Le désir est sans doute le terme le plus mal connu. Avant d'élaborer sur ce sujet, voyons la définition qu'en donne le dictionnaire.

Désir

"Mouvement de l'âme vers un objet dont elle éprouve le besoin ou qui a de l'attrait pour elle". Cette première définition est celle qui correspond le mieux à l'acceptation générale. Dans son essence, elle relie le désir aussi bien à l'Ego qu'à notre nature spirituelle. Comme le diraient certains sages: «si vous ne désirez pas vous tromper lorsque vous donnez une définition, faites en sorte qu'elle soit si large qu'elle puisse contenir toutes les interprétations». Cette façon de voir les choses est sans doute sage mais est de peu d'utilité pour celui qui cherche à comprendre, ou encore qui recherche la Vérité!

Regardons maintenant ce qu'en disent nos amis les philosophes. Selon beaucoup d'entre eux, "l'homme a un penchant impérieux à s'approprier certains objets. Cette inclinaison, ce penchant s'appelle le désir. Le désir n'est pas une tendance aveugle et ne doit pas être confondu avec la simple affinité. Dans le désir nous retrouvons un élément de conscience. On distingue généralement deux grandes catégories de désirs: 1) les désirs originels, communs à tous les individus (faim, soif, curiosité, ambition) et 2) les désirs acquis, particuliers à un individu, à une famille ou à une nation car ils proviennent d'une association d'idées ou d'expériences."

Cette dernière définition est déjà beaucoup plus complète et plus près de la réalité. Nous pouvons facilement démontrer la véracité de la description qu'elle contient. Il est un fait généralement admis que chaque individu, par l'intermédiaire de son corps, ressent certaines pulsions communes à tous les individus comme la faim ou plus précisément le désir de manger. De plus, un musicien par exemple aura le désir d'en connaître plus sur la musique qu'une autre personne d'une autre profession ou d'une autre vocation. Bien entendu, une telle situation dérive toujours d'une orientation des goûts personnels acquis au cours des expériences vécues.

En langage courant, le verbe désirer est souvent utilisé aux dépends du mot désir. Pour la plupart d'entre nous, la signification est la même et c'est bien malheureux!

Dans la vie de tous les jours, désirer quelque chose se rattache plus à une prise de conscience superficielle qu'à un besoin profond ou même à un besoin intérieur. Lorsque nous disons vouloir obtenir (désirons) quelque chose, nous exprimons le souhait de voir cette chose se réaliser sans que cela ne nous tienne réellement à cœur. Que cela se réalise, c'est merveilleux! Que cela ne se produise pas, eh bien tant pis, ce sera pour une autre fois!

Vous vous demandez sûrement comment nous pouvons distinguer le type de désir auquel nous avons affaire? Voici un exemple qui je l'espère pourra éclairer la question.

1) J'ai acheté un billet de loterie, je désire gagner le million.
2) Mon désir est d'avoir une belle maison dans laquelle je serais heureux et je pourrais m'épanouir.

Dans le premier cas, nous ne pouvons dénoter aucun sentiment affectif; nous y croyons plus ou moins ou encore, comme disent certaines personnes, ce serait trop beau pour être vrai! Nous savons très bien que la réalisation d'un tel désir peut bouleverser notre vie et nous avons donc un peu peur de son accomplissement. S'il arrivait que nous ne gagnions pas, l'illusion serait reportée à un prochain tirage. En fait, il s'agit d'un très beau rêve auquel nous ne croyons pas beaucoup.

Dans le second cas, toute notre nature nous invite à réaliser un tel désir. Nous pouvons facilement comprendre que des éléments de calme, paix, bonheur, se développent dans notre esprit. Toute cette charge affective invite notre être à réaliser un tel rêve, au point d'en devenir presque une obsession.

Le mot désir ne devrait correspondre qu'à ce qui, pour nous, est une nécessité. Le désir est tout ce qui nous permettra de nous Réaliser, de nous accomplir. Un désir se doit d'être un sentiment profond d'un besoin devant nous aider à nous compléter. Lorsque nous ressentons un tel besoin, il ne faut surtout pas chercher à savoir si nous y avons droit; car si nous croyons que l'acte est Bien, il faut y croire et s'activer sans perdre une minute à assurer sa réalisation.

Le désir de notre cœur est le désir qui devrait nous tenir le plus à cœur! Il ne s'agit nullement ici de faire des jeux de mots car cette phrase ne fait que reprendre l'idée énoncée dans la bible et qui veut que nous devions rechercher avant tout le Royaume des Cieux et que tout le reste nous soit donné par surcroît. Quelle belle promesse que celle de tout recevoir de Dieu à la condition de chercher à découvrir notre vraie place dans la vie. Comme le dit le vieil adage: «une place pour chaque chose et chaque chose à sa place".

Nous devons chercher à réaliser le but pour lequel nous sommes sur la Terre. Dans cette recherche, nulle compétition ne peut exister car nous sommes créés en tant qu'individus et que comme tel nous sommes individualisés dans nos expériences et dans nos capacités. De même, nous sommes indivisés face à l'Être Suprême que nous appelons généralement Dieu. Nous avons tous un but bien personnel à atteindre et rien de ce qui pourrait arriver aux autres n'y peut rien changer.

Ce but ou ce désir de notre cœur, c'est l'aspiration intérieure que Dieu a lui-même suggéré. Ce désir est le plus secret, le plus sacré, que nous ayons au plus profond de notre Être. L'être humain passe sa vie à se débattre au beau milieu d'une foule de problèmes. Si financièrement tout va à merveille, voilà que la santé se gâte! Telle est grossièrement exprimée la réalité de celui qui refuse de devenir dans son corps et dans son esprit l'expression de Dieu.

Refuser de vivre Dieu dans sa vie, c'est s'attabler avec tous les problèmes humains. Ainsi lorsque nous prétendons être malheureux, malade ou incompris, c'est que nous ne permettons pas à la volonté de Dieu de jouer librement son rôle dans notre vie. Le désir de votre cœur c'est la Voix de Dieu en vous; or, il faut lui obéir, tôt ou tard, pour votre plus grand bien.

Nous venons de voir qu'à la base de toute prière nous retrouvons l'élément désir. Que la prière nous concerne ou qu'elle concerne notre prochain, le désir de la réalisation doit être sincère et doit nous tenir à cœur. Encore une fois, il faut se rappeler la formule magique de notre Guide Spirituel qu'est Jésus: «il te sera fait selon ce que tu crois». Nous devons garder en mémoire que cette phrase n'a rien de commun avec l'interprétation que nous donnons de nos croyances. Il te sera fait selon ce que tu crois et non pas selon ce que tu crois que tu crois! Il faut savoir ce que nous désirons vraiment!

Seule une prise de conscience spirituelle peut nous aider à trier nos désirs et à mettre l'accent sur ceux qui sont prioritaires. Avant d'aller plus loin, pourquoi ne pas faire un examen de conscience!

Le rôle de la foi dans la prière scientifique

Je suis toujours surpris de la réaction des gens lorsque je leur rapporte la définition de la foi telle que décrite dans le Nouveau-Testament. Tout le monde parle de la foi et personne (ou très peu de personnes) ne semble être en mesure d'y rattacher une définition simple et concise. Pourtant, nombreuses sont les personnes qui ont lu la bible et en particulier le Nouveau-Testament. Tout porte à croire que les gens ne prennent conscience de l'existence que de ce qu'ils sont en mesure de prendre.

Il n'existe pas de formule magique pour accroître nos possibilités de bonheur et de réussite sinon que par la foi et la prière scientifique. Au fur et à mesure que nous évoluons il est fort agréable de relire certains textes et d'y découvrir une foule d'idées qui, l'on ne sait trop pourquoi, ne nous ont pas semblé importantes lors de la première lecture. Pour ceux qui auraient tendance à être sceptiques au sujet de cette vision de nos capacités, voici un exemple bien simple qui convaincra même les plus réticents.

Lorsque vous allez à la rivière pour chercher de l'eau, la quantité que vous en rapportez est égale au volume du contenant que vous utilisez. Nul besoin de vous dire que si vous n'en possédez aucun, vous ne ramènerez rien. Dans le cas où vous disposez d'un bocal d'un litre, vous pouvez ramener tout au plus un litre et pas plus bien que la quantité d'eau soit grande, voir illimitée. Ainsi en va-t-il de nos lectures, de nos expériences et de notre évolution spirituelle. L'Énergie disponible de Dieu est illimitée mais celle qui est mise à notre disposition est limitée par notre niveau de compréhension et de laisser-aller face à l'action de la Puissance Universelle. Voilà pourquoi Jésus disait: les gens peuvent regarder mais non voir ils peuvent entendre mais non comprendre. Pour ouvrir nos yeux et nos oreilles nous devons accepter pour nôtre la définition de la foi.

AVOIR LA FOI, C'EST ÊTRE SÛR DE CE QUE L'ON ESPÈRE (DÉSIR)

C'EST CROIRE EN LA RÉALITÉ DE CE QUE L'ON NE VOIT PAS.

Cette définition nous procure, sous une forme très simple, la méthode pour obtenir une réalisation. En effet, être sûr de ce que l'on espère c'est connaître le désir de notre cœur et en comprendre le but ultime. Croire en la réalisation sans l'avoir obtenue c'est remercier le Père de tout ce qu'il fait ou fera pour nous. De cette façon, nous considérons la réalisation comme déjà présente dans notre vie ne serait-ce que sous forme d'énergie qui remplit le moule de notre désir; une telle façon de vivre notre vie n'est, ni plus ni moins, que vivre spirituellement chaque seconde de notre existence en faisant usage de la prière scientifique dans les bons comme dans les mauvais moments.

Beaucoup de personnes se font une idée erronée de la foi. Certaines d'entre elles confondent la foi avec une certaine forme de guérison obtenue par la prière. Ce type de foi est aveugle et n'est tout au plus qu'une forme d'espoir. Cette compréhension de la foi est dangereuse car on finit vite par s'en méfier lorsque la démonstration n'est pas assez rapide. L'espoir est en soi très utile, d'où l'expression populaire voulant qu'il faille toujours garder de l'espoir. Cependant, lorsque toute notre démonstration n'est basée que sur lui, elle est généralement faible et bien décevante. La foi bien comprise nous assure que quand nous avons saisi la vraie nature de l'être (que notre espoir est centré sur les possibilités infinies de Dieu), nous savons que la Loi est infaillible et que si elle est correctement utilisée nous pourrons être sûrs des résultats escomptés.

Très souvent, les gens reconnaissent la puissance de la foi mais se plaignent d'en manquer. Pour corriger cette situation il existe plusieurs méthodes mais il en existe une qui a l'avantage de pouvoir joindre l'utile à l'agréable. Il s'agit en fait d'augmenter notre foi par le biais de réalisations (démonstrations) qui nous illustreront l'application de la définition de la foi. En d'autres mots, il s'agit de chercher à vivre heureux par l'intermédiaire de la prière scientifique et par une application de la définition de la foi.

La prière scientifique (acceptation-formulation des désirs)

La prière scientifique est le seul moyen d'assurer une démonstration et d'acquérir la paix dans notre vie. La seule façon d'obtenir des résultats est d'entrer, grâce à elle, en rapport avec la Puissance Universelle qui réside en dedans de nous. De cette manière, nous pouvons consciemment la mettre en œuvre dans notre vie.

Que ce soit avec ou sans la Puissance Divine, il nous est très difficile de traiter des dizaines de problèmes à la fois. Dans un tel cas, tout ce que nous réussissons à faire c'est de diviser nos forces et de ne pas apprécier à sa juste valeur la démonstration qui se réalise sous nos yeux. Comment pourrait-on en effet apprécier une démonstration lorsque notre esprit est tourmenté par de nombreuses autres préoccupations. Il est donc primordial d'accorder notre attention tout entière à un problème à la fois en commençant par le plus urgent.

Je vous entends déjà dire: «tout cela est bien beau mais si cela ne marche pas j'aurai perdu du temps précieux pour résoudre les autres problèmes". Avec une telle attitude vous pouvez avoir la certitude que mieux vaudrait commencer par ces autres problèmes car vous risquez d'attendre très longtemps la réalisation du premier traitement. La raison en est d'ailleurs bien simple: vous n'y croyez pas vraiment! Lorsque vous déciderez que tel ou tel problème ou désir est le plus important, consacrez-vous y totalement et oubliez tous les autres. De toute façon, si ce désir vous amène à découvrir le Royaume de Dieu en vous, les autres problèmes n'auront plus droit d'existence car tout vous sera donné par surcroît!

Cette façon de faire est la seule manière correcte de travailler à la résolution de vos problèmes et la seule qui puisse vous aider à la longue. Rappelez-vous que la résolution de vos problèmes consiste à trouver et à connaître consciemment la Puissance Divine en vous; contrairement à ce que beaucoup d'entre vous pourriez penser, la solution de l'énigme ne se trouve généralement pas dans l'énigme mais plutôt dans son environnement. On ne peut pas résoudre un problème sur les bases dudit problème.

Comme quelques fois les causes de l'énigme peuvent être difficiles à cerner, la solution la plus simple consiste à Connaître Dieu dans notre cœur. Cette reconnaissance consciente de Dieu dans notre vie est une panacée universelle qui a la caractéristique de tout guérir, à jamais, pourvu que l'on y croit et que l'on accepte de vivre les conséquences de cette manière d'être, de cette manière de vivre.

La prière scientifique, ou le traitement spirituel, consiste simplement à pratiquer la Présence de Dieu dans notre vie. Il n'existe pas, à vrai dire, une forme de prière. Ce n'est, de toute façon, pas nécessaire puisque la prière en elle-même consiste en la contemplation consciente de l'existence de Dieu.

Des traitements conventionnels, fixés d'avance, sont utiles pour qui manque de spontanéité. Il ne faudrait surtout pas les oublier car ils peuvent être d'une aide précieuse lorsqu'il s'agit de fixer notre pensée. Puisque seul le contenu de la pensée compte, peu importe alors le moyen ou la formule utilisée pour la produire.

La méthode la plus simple et la plus spontanée est celle qui agit le plus rapidement. Si votre intuition est assez développée, vous aurez rarement à utiliser des affirmations établies d'avance; il se peut même que la verbalisation de la pensée devienne inutile. Ce stade qui dénote d'une grande spiritualité est cependant bien peu accessible pour la majorité d'entre nous au stade d'évolution où nous sommes. Cela ne veut cependant pas dire que nous ne puissions y parvenir dans cette vie car si, tout comme Jésus, nous prenons l'habitude de prononcer la parole et de garder la certitude qu'elle ne nous reviendra pas sans effets, alors rien n'est impossible.

Mêler l'acte, la pensée et la parole peut s'avérer une très bonne formule pour réussir un traitement. La verbalisation d'une idée, elle, peut généralement nous faire prendre conscience de l'ampleur du désir. Rappelez-vous quand vous étiez à l'école primaire et que votre professeur vous faisait sans doute répéter et apprendre par cœur divers textes. Que faisiez-vous pour tout mémoriser? Je ne puis répondre à votre place mais en ce qui me concerne, la répétition à haute voix était ce qui me réussissait le mieux. De même, chacun de nous doit trouver par lui-même la formule qui lui convient le mieux ou qui est le plus en harmonie avec son degré d'évolution spirituelle. Tout comme il n'existe pas deux individus similaires, pas même les jumeaux, de même chaque méthode sera différente. Il existe par contre des principes de base pour pouvoir vivre la prière scientifique qu'il serait bon d'examiner un peu plus en détail.

L'humanité est continuellement en quête d'un raccourci pour atteindre son but. Cela est principalement dû à la paresse inhérente de l'esprit humain. Puisque dans la nature et dans tout l'univers l'ordre est roi, comme toujours c'est le paresseux qui en fin de compte prend le plus de peine à se réaliser. Pour beaucoup d'entre nous, la quête de la Présence de Dieu ou d'une démonstration est, et se doit d'être, quelque chose de long et fastidieux. Bien sûr, si nous comprenions et vivions la Présence en nous, tout nous serait donné instantanément. Comme tel n'est pas toujours le cas, beaucoup de gens ont cherché à atteindre leur but par divers moyens plus ou moins salutaires, de façon à prendre des raccourcis. Pourtant tout, autour de nous, nous fournit des exemples du temps qu'il faut pour évoluer. Pourquoi ne pas suivre l'exemple?

Nos penchants vers une discipline quelconque sont grandement influencés par notre éducation scolaire et sociale. Cependant, personne ne peut nier que pour devenir un spécialiste d'une discipline en particulier, il nous faut pratiquer durant de longues années. L'enfant qui pratique le piano passe d'incalculables heures à presser sur des touches avant de pouvoir en tirer une douce et harmonieuse mélodie. De même le sportif qui veut aller au-delà de sa discipline passera de quatre à huit heures par jour à s'entraîner et ce, durant cinq à six jours par semaine, pendant des années pour parfaire son style. À ce moment, et seulement à ce moment, pourra-t-il enfin commencer à maîtriser les multiples variables de sa discipline.

Serait-ce trop vous demander de consacrer un peu de votre temps à la tâche la plus importante de votre existence. Ne remettez surtout pas à demain pour prendre une telle décision car plus nous vieillissons, plus l'apprentissage est rendu difficile et ce, principalement à cause de tous les préjugés dont nous sommes le siège et qui s'y enracinent au fil des ans. Plus nous retarderons et plus il nous faudra de temps pour accepter la Vérité et la mettre en pratique. Bien qu'il nous soit possible de tout recommencer à zéro, il est quand même très difficile d'abandonner nos vieilles habitudes et nos vieilles outres. Le vieil Adam s'attache à nous plus solidement que nous pourrions le croire!

Revenons maintenant à la prière scientifique. La Règle d'Or pour toute réussite dans diverses entreprises consiste à avoir foi dans la réalisation. En fait, la règle d'or c'est d'avoir foi dans la réalisation mais en même temps d'avoir confiance dans la bonté, dans l'amour et dans le pouvoir du Père. Il faut que nous comprenions que, par nous seul, peu de choses sont possibles; par contre, pour le Père, rien n'est impossible quelles que soient les circonstances ou les apparences. L'important, pour nous, c'est d'exprimer clairement et fidèlement nos désirs et d'accepter de laisser ensuite Dieu s'occuper du reste ou des détails.

Nous ne répéterons jamais assez le fait que le désir doit être précisé car demander à avoir le bonheur ou à être heureux ne suffit pas à régler le problème spécifique qui nous préoccupe à l'instant présent. Ce qui précède peut paraître bien curieux pour beaucoup d'entre vous. Que pensez-vous qu'il arriverait si vous désiriez retenir à vous une chose bien précise et que pour que votre bonheur soit complet il faille que vous la perdiez? Très certainement vous serez sans doute fort déçus de la tournure des évènements car puisque vous n'avez pas précisé votre demande vous avez perdu ce à quoi vous teniez le plus.

Bien que nous soyons très mauvais juges ou conseillers lorsqu'il s'agit de ce qui nous préoccupe, il nous faut quand même prendre l'habitude d'exprimer nos désirs suivant nos sentiments. Ces derniers ont une charge affective qu'il ne faut pas négliger; et aller à l'encontre, exige beaucoup d'efforts et de résolution souvent vains en fin de compte.

Rappelez-vous que votre demande doit toujours être formulée en employant des mots positifs. Rien n'existe que l'état de perfection souhaité. Que le traitement ou la prière vise à corriger une situation ou une maladie, il ne faut surtout pas s'y attarder. Cela ne signifie pas pour autant que nous la considérions pas comme vrai; mais il nous faut chercher à lui enlever tout droit d'existence. Demander par exemple: «Père, fais que je ne sois plus malade ou guéris mes yeux ou mon dos malade», ne fait qu'enraciner en vous l'idée que vous avez à supporter le problème dont vous voulez vous débarrasser. Plutôt que de parler des points faibles de façon négative, apprenez à en parler positivement comme par exemple: «Père je te remercie de la santé que tu me procures. Mes yeux sont divins, ils voient parfaitement. La gloire de Dieu est exprimée par mes yeux. Ils me permettent de voir toutes les belles choses que mon Père a faites».

Les mots que nous prononçons doivent servir à remercier et à glorifier Dieu bien avant que nous ayons obtenu ce que nous recherchons (selon la définition de la foi). Si nous ajoutons de la foi à nos croyances, cela n'est-il pas normal? De toute façon, il faut éviter de nous appesantir sur les problèmes qui nous préoccupent car ce faisant, nous leur fournissons l'énergie nécessaire à leur survie. Tout comme la colère entretient l'agressivité, ainsi le fait de penser aux problèmes de façon négative les entretient. Pour résumer ce qui précède disons que nous devons non pas nous faire croire que le problème n'existe pas mais qu'il est déjà résolu. L'utilisation de mots ou d'idées positives nous sert à convaincre notre conscient et notre subconscient de la véracité de nos dires.

En second lieu, il nous faut planter dans notre âme la semence de l'idée parfaite à l'exclusion de tout autre. Il faut demander à exprimer la santé et non à être guéri de la maladie. Lorsque nous prions, il faut chercher à exprimer l'harmonie et à réaliser l'abondance et non essayer d'être délivré de l'inharmonie, de la misère, et des limitations. Il faut enfin rejeter ces dernières comme de vieux vêtements car ce sont de vieilles affaires, les seules dont nous n'ayons aucun besoin. Lorsque nous avons réussi à exprimer le côté positif de la situation, il faut se rappeler que tout comme la graine semée en terre, la parole que nous avons prononcée doit, elle aussi, germer et croître pour produire des fruits.

Il faut lui laisser le temps d'opérer et plus justement lui laisser le temps de nous convaincre de la Réalité. Dès ce moment, notre part du travail est terminée car quant à savoir où, quand, et comment la situation sera corrigée, cela fait partie du travail de Dieu notre Père.

Bien des personnes suivent cette seconde partie à la lettre mais ne réussissent par leur démonstration. Pourquoi en est-il ainsi et comment peuvent-elles y remédier?

Nous venons de dire que tous les détails de correction concernent le Père. Il y a fort à parier que ces mêmes personnes ne réalisent pas leurs démonstrations car elles ne s'abandonnent pas au Père malgré ce qu'elles peuvent déclarer. À savoir si nous lui laissons toute la liberté d'action, je crois que le prochain exemple pourra sans doute mieux éclairer la situation et expliquer ce que l'on entend par le laisser-faire dont il est tant question dans nos relations avec le Père.

Supposons que vous ayez besoin de cinq mille dollars pour une raison quelconque. En bon praticien vous allez chercher à vous démontrer que vous êtes entouré de l'idée d'abondance. Vous direz sans doute que rien n'est impossible au Père. Vous chercherez à percevoir le moment où vous pourrez utiliser cet argent pour combler votre désir ou votre besoin. Jusqu'ici tout va bien, mais jetons un coup d'œil plus avant et, grâce à notre puissante lentille de microscope, examinons le fond de votre pensée. La plupart du temps nous entendons les commentaires suivants: «cinq mille dollars c'est beaucoup d'argent. Ce serait sans doute plus facile si le montant était plus petit. Je vais peut-être recevoir un héritage ou encore gagner à la loterie. Quelle est la loterie qui correspond le mieux au montant dont j'ai besoin. Mais j'y pense, si je gagne à la loterie, je peux même gagner beaucoup plus. Je devrais peut-être me chercher un autre emploi ou encore essayer de trouver un premier emploi plus rémunérateur . . .».

Nous pourrions ainsi remplir plusieurs pages de commentaires intérieurs plus ou moins conscients. Ces pensées, car c'est de cette façon que l'on qualifie ces commentaires, n'apportent rien de nouveau si ce n'est de créer une situation confuse et bien souvent décourageante. Pour les esprits qui affectionnent particulièrement les jeux ou les calculs mentaux, il y a, en fait, possibilité d'élaborer toute une série de stratégies pouvant leur rapporter le montant d'argent tant désiré.

Pourtant, ni ces belles stratégies, ni ces belles théories ne fonctionnent! La raison en est bien simple: au cours de toutes ces élucubrations mentales nous avons oublié de laisser Dieu s'occuper des détails. Sans méchanceté et presque inconsciemment nous avons essayé de dicter le travail à faire à Dieu l'Être suprême. Peu importe ce que nous ferons nous ne pourrons obtenir de résultats tant et aussi longtemps que nous entraverons Sa liberté. En fait, qui sommes-nous pour dire à Dieu comment procéder; si nous avons tellement confiance dans nos stratégies, pourquoi alors nous adressons-nous à Lui?

Réfléchissons à tout cela et essayons de répondre à la question suivante: quelle est l'importance que nous accordons au fait de connaître-comprendre comment tout arrive?

Vous serez sans doute tous d'accord pour dire que seule la démonstration compte. Si vous avez besoin de cinq mille dollars et que vous décidez de vous adresser au Père, peu importe la façon dont la Puissance Universelle va agir pour vous les procurer. Puisque le présent vient du Père, ce ne peut être que bien et bon; pourquoi alors se soucier du reste.

Par expérience, vous verrez que quelles que soient les solutions que vous aviez imaginées, celle qui a été retenue par le Père vous avait échappé à cause de sa simplicité! Cela nous amène maintenant à considérer les divers motifs qui peuvent orienter notre démarche vers le Père et comme le dit l'évangile: «tu ne tenteras pas le Seigneur ton Dieu". Lorsque notre désir est sincère, rien ni personne ne peut s'opposer à sa réalisation. Cependant, s'il ne vise qu'à épater le prochain comme le font certains prestidigitateurs, les retombées peuvent être terribles.

En tant que créateurs libres, nous sommes totalement responsables de nos actes et de nos pensées. Notre vie est entre nos mains jusqu'à l'instant où nous décidons de nous en remettre volontairement à notre Père. Tout comme l'enfant s'en remet totalement à ses parents, ainsi devons-nous nous en remettre à Dieu. Corps et âme nous devons brûler à la flamme de l'Amour divin; seulement alors, lorsque tout sera consumé, connaîtrons-nous enfin notre nature véritable, notre nature divine, notre nature parfaite.

Il ne faut jamais revenir sur notre demande

Durant l'attente de la réalisation, nous devons conserver à l'esprit la pensée d'abondance de Dieu et la bénir. Si le besoin s'en fait sentir, il faut remercier continuellement parce que le travail se fait et se fait bien. Aux heures creuses, la tentation peut être évitée en orientant tout simplement notre pensée vers Dieu. De par sa nature infinie, il peut remplir notre pensée au point que rien d'autre n'y puisse subsister!

S'il arrive que nous revenions sur notre demande c'est que le doute s'est installé en nous. Nous demandons à nouveau car nous n'avons pas réussi la première fois, pensons-nous. À coup sûr, nous nous sommes comportés comme l'enfant qui refuse de prendre une seconde leçon de piano car il n'est pas devenu virtuose lors de la première séance. En fait, nous sommes prêts à consacrer toute une vie pour acquérir par exemple une certaine dextérité mais nous n'allouons que quelques heures ou quelques jours à la possibilité d'acquérir la félicité.

Lorsque nous parlons de la vie spirituelle et de toutes ses beautés à certaines personnes, elles trouvent tout ce que nous leur racontons très joli mais aussi trop beau pour être vrai. Lorsqu'elles s'émerveillent des démonstrations du Père à travers nous, elles nous pensent bien chanceux! Qu'il soit cependant question pour elles de donner un peu de leur temps à leur Créateur, elles sont trop occupées et ont d'autres préoccupations. Elles veulent tout avoir sans rien donner en retour et oublient trop souvent le proverbe: «aide-toi et le ciel t'aidera». De plus, elles ne comprennent pas les paroles que jadis Jésus prononça: «ceux qui perdront la vie pour moi la sauveront . . .». Aussi longtemps que nous refuserons l'aide de Dieu dans notre vie, nous ne comprendrons pas pourquoi d'autres, toujours plus nombreux, s'y vouent corps et âme. De toute façon, comme le disait Emmet Fox, si vous n'avez pas le temps de vous consacrer quelques minutes pour cultiver la santé vous aurez bien le temps d'être malade.

Plutôt que de revenir sur notre demande il faut, tout au long de la démonstration, se contenter de bénir et de remercier pour l'exécution du travail, pour l'opération de Dieu en nous et pour la réception de ce que nous désirons voir apparaître dans notre vie. Rappelez-vous que tout désir exprimé sous forme parfaite se réalise toujours totalement. Notre demande sera exaucée selon ce que l'on croit, selon notre foi. Quels que soient les objets de vos désirs quand vous priez, croyez que vous les avez déjà reçus et vous les aurez. Il faut cependant vous rappeler qu'au fond vous ne savez pas ce qui est bien et bon pour vous. C'est pourquoi vous devez laisser le soin de la démonstration à Dieu sans lui indiquer quoi, quand et comment faire . . .

À la base de toute démonstration il existe deux conditions essentielles: 1) demandez et l'on vous donnera et 2) demeurez à l'écoute. Ces deux conditions doivent être remplies pour que s'accomplisse l'œuvre de Dieu à travers nous. En ce qui concerne la première, nous ne devons pas avoir peur de demander car si nous n'exprimons pas les désirs de notre cœur ou n'en voyons pas la nécessité, pourquoi alors Dieu devrait-il s'en soucier à notre place. À mesure que nous saisissons la véritable nature de Dieu et que nous l'extériorisons activement, nous prenons l'habitude de nous en servir constamment, de demander tout naturellement. Nous le faisons et devons le faire dans toutes les tâches de notre vie comme par exemple en mangeant, en courant, en respirant et même en dormant. La seule façon d'être exaucé, c'est de demander. Il faut noter ici, qu'il ne s'agit pas de quémander car nos relations avec Dieu sont celles d'un fils à son père et non d'un subalterne à son patron.

Pour ce qui est de la seconde condition, il faut être aux aguets de peur de laisser passer la chance—Je reviendrai comme un voleur—disait Jésus. Il ne s'agit pas, bien entendu, de perdre quelque chose si ce n'est de ne pas saisir l'occasion. L'action de Dieu dans notre vie se fait tout doucement sans éclats, sans tambours ni trompettes. Lorsque le travail du Père est terminé, que le cadeau est enveloppé, il ne nous reste plus qu'à le prendre et à le déballer. Il est certain qu'aucun d'entre vous ne se contenterait de regarder un cadeau s'en ouvrir la boîte pour regarder son contenu. Pourquoi alors ne pas faire le même effort en ce qui concerne le présent que Dieu nous donne? Voici un exemple pouvant vous aider à comprendre cette phase de la prière scientifique que nous appelons l'acceptation.

Vous désirez avoir un piano et, parce que vous n'en avez pas les moyens financiers, vous vous adressez à la Puissance Universelle. Parce que vous maîtrisez très bien les formes de traitements, vous voyez soudain surgir le fameux piano dans votre vie. Un ami auquel vous aviez parlé du désir vous informe que quelqu'un, de ses proches, veut se débarrasser de son piano. Votre excitation est grande lorsque vous apprenez qu'il sera gratuit! Un seul obstacle cependant: il faudra aller le chercher! Que ferez-vous? Attendrez-vous l'occasion lointaine où on vous livrera un piano sans aucun effort de votre part ou mettrez-vous tout en œuvre pour aller chercher le cadeau qui vous attend, qui a été emballé spécialement pour vous?

Dieu a fait son travail, à vous maintenant de faire le vôtre! L'acceptation n'est ni plus ni moins que l'acte du don et du recevoir. Demandez précisément et l'on vous donnera précisément. Cependant, le don n'est complet qu'au moment où vous l'acceptez, où vous accomplissez l'acte de recevoir.

Il va s'en dire que le même principe s'applique à toutes les difficultés, à tous les maux qui peuvent surgir, puisque l'harmonie universelle est la véritable loi de la création. Que vous cherchiez à résoudre une querelle, une dispute, un malentendu ou un ennui quelconque, vous devriez appliquer le même traitement. Pour bien réussir à résoudre vos problèmes, vous devez prendre l'habitude de les traiter dès qu'ils se présentent. N'attendez pas que trop de mal soit fait. Dieu, votre Père et le mien, n'attend que votre appel. Il ne faut pas hésiter en vous demandant sans cesse si vous avez le droit de faire appel à lui ou si la situation exige son intervention. Le seul fait que vous vous posiez la question signifie déjà qu'elle vous préoccupe et vous empêche de vivre aussi harmonieusement que vous en avez le droit. Il faut vous rappeler les paroles que l'on retrouve dans la bible à ce sujet: «celui qui invoquera le Seigneur sera sauvé».

Vous voulez être sauvé puisque vous aspirez au bonheur; alors pourquoi ne pas faire usage couramment, dans votre vie, de la Puissance Créatrice en vous. Elle n'attend que votre bon vouloir pour vous servir!

Il existe, comme nous mentionnions au début, plusieurs méthodes pour arriver à obtenir des démonstrations. La meilleure façon de réussir, ici comme dans tout, c'est de trouver celle qui nous convient le mieux. Peu importe la méthode, nous pouvons tout regrouper suivant une certaine forme ou formule de travail commune à tous. Regardons cette formule un peu plus en détail.

Tout comme l'homme de science, l'harmonisateur ou celui qui prie scientifiquement cherche à utiliser une loi dans le but de réaliser une démonstration. Ce dernier, tout comme le scientiste, doit avoir une bonne connaissance des lois avec lesquelles il travaille. De plus, il se doit d'avoir une pleine confiance en ces dites lois; car sans cette condition tout ne serait que hasard. Mais qui dit hasard dit aussi manque d'harmonie et chaos. Comme vous avez pu le constater, ce qui nous entoure est composé d'une multitude de variables qui interagissent entre elles avec une précision telle qu'il est impensable d'imputer au hasard. En d'autres mots, notre monde ne respire pas le chaos (si l'on fait exception de l'activité humaine).

Ce qui précède nous porte à croire que l'univers est régi par des lois qui veillent au maintien de l'harmonie. L'harmonisateur (vous par exemple) peut compter sur ces lois immuables qui réagiront à ses besoins selon ses pensées. Comment doit-il s'y prendre pour mettre en action ces lois?

La première chose dont il faut se soucier avant d'essayer de réaliser nos désirs, c'est de veiller à maintenir le calme dans notre esprit. Certains proclameront les mérites de la relaxation ou de la méditation mais peu importe la manière, pourvu que vous puissiez atteindre une détente mentale et psychique vous permettant de vous connaître vous-mêmes.

Je connais bon nombre de personnes qui ont un impératif besoin de méditer avant de prier scientifiquement. Bien qu'il n'y ait rien de mal en cela, ces personnes doivent le faire justement parce qu'elles ne vivent pas spirituellement. Si ces mêmes personnes parvenaient à changer leur mode de vie, l'accès à la prière scientifique leur serait plus facile.

Pour bien se préparer à la prière scientifique, il nous faut nous ouvrir à la lumière intérieure qui nous habite et faire en sorte que notre mental soit à la fois émetteur et récepteur.

Ayant réussi à libérer notre esprit des doutes et des soucis qui l'envahissent, nous sommes alors en mesure d'évaluer de façon précise ou de mieux percevoir notre besoin. Au moment de l'élaboration de la définition de notre besoin, il est essentiel de reconnaître l'existence d'une Source unique d'où il est possible de tout obtenir. Cette Source, sans doute aucun, est Unité, Amour et surtout intarissable. Cela doit être très clair dans notre esprit. Toute idée pouvant infirmer cette vision de la Source doit être abolie instantanément car rien ne saurait nous éloigner de cette Source de Vie.

Vient alors une étape plus critique: celle de croire que la réalisation s'opère déjà à travers nous. Rassurez-vous, car bien au-delà de nos espoirs, la Loi est déjà en action pour nous!

Pour bien réussir cette étape, il est très important de chercher à concevoir le Bien ou l'idéal destiné à remplir le moule que nous avons créé en exprimant clairement le besoin dans notre conscient jusqu'au moment où nous réussirons à visualiser notre réussite. Dès lors, le moule se remplira de la Substance Universelle (énergie) de laquelle sont issues toutes choses.

Vous vous demandez sans doute ce que peut signifier le terme "visualiser la réussite"? Il s'agit en fait de permettre à votre souhait de se cristalliser sous forme d'imagerie mentale ou de pensée; cette forme d'énergie étant la seule qui peut se transformer en matière. Pour bien montrer ce qu'est ou peut être cette cristallisation, j'aimerais faire un parallèle avec une expérience élémentaire de chimie que plusieurs d'entre vous connaissez sous une autre forme. Il s'agit tout simplement de la dissolution d'un solide dans un liquide comme par exemple du sucre ou du sel dans de l'eau.

Toute bonne cuisinière ne se laisse pas berner par le fait qu'elle ne peut voir le sucre lorsque dissout dans l'eau. Elle sait pertinemment qu'il est présent et que par conséquent sa recette sera impeccable. Pourquoi ne considérerions-nous pas nos capacités spirituelles de la même façon?

Mais revenons à l'expérience de chimie. Supposons que nous placions un récipient contenant de l'eau propre et pure au-dessus d'une source de chaleur et que doucement, très doucement, nous y ajoutions du sucre. Qu'arrive-t-il? Eh bien, tout le sucre va se dissoudre dans l'eau chaude et deviendra invisible à l'œil humain. La seule façon de déterminer si l'eau contient quelque chose est d'y goûter. Mais qui donc voudrait goûter à de l'eau (ou une autre substance) contenue dans un bécher en laboratoire?

Il est tout à fait naturel que nous soyons un peu réticents à tenter l'expérience. Comment alors devons-nous nous y prendre pour démontrer aux autres et nous prouver à nous-mêmes que le sucre est bien dissout dans l'eau?

Il existe une méthode scientifique pouvant prouver que l'eau est bel et bien contaminée par une substance quelconque. Ce qu'il faut faire c'est d'abaisser la température de l'eau jusqu'à atteindre ce que l'on appelle le point de saturation. Ce point constitue en fait l'état de l'ensemble liquide-solide où il y a solubilité complète mais au-dessous duquel nous pouvons voir apparaître le composant solide. Dans l'expérience qui nous intéresse, cela veut dire que si nous arrêtons là, rien ne se produira. Par contre, si nous abaissons légèrement la température ou que nous brisons l'équilibre en ajoutant un grain d'une substance solide comme le sucre ou le sel, il y aura tout d'abord apparition d'un minuscule cristal et bientôt un dépôt blanchâtre suivra.

Nous aurons ainsi provoqué la création du sucre ou du sel. Mais je n'ai pas créé le sucre me direz-vous! Je n'ai fait que démontrer sa présence! Vous avez tout à fait raison, et il en va de même lorsque nous essayons de trouver une solution à un besoin. Nous ne créons pas l'énergie ou la matière spirituelle dont sera faite la solution, mais nous créons la possibilité de matérialisation de cette énergie. L'usage que nous faisons de la Puissance Universelle est Création. Cependant, nous devons toujours garder à l'esprit que nous ne créons pas cette Puissance car notre créativité se limite à lui permettre de s'exprimer, à la diriger vers un but précis qui dans ce cas est la résolution de notre besoin.

Cet exemple, comme tant d'autres, nous montre que l'énergie dont nous avons besoin est disponible. Nous devons simplement lui fournir l'occasion d'abaisser son niveau vibratoire de façon à ce qu'elle puisse se manifester dans notre vie matérielle ou tridimensionnelle. N'oubliez donc pas de visualiser la réussite car passer outre cette recommandation c'est comme refuser d'abaisser la température de l'eau et de risquer d'attendre indéfiniment la précipitation du solide!

Pour compléter le processus de démonstration, il nous faut enfin prononcer la parole et déclarer que le moule est plein. Cette situation est la seule possible et le moule est maintenant prêt à se matérialiser dans notre vie. Ensuite, il nous faut déclarer que tout cela est bien et enfin nous devons remercier le Père pour tout ce qu'il a fait pour nous. Il faut se rappeler que le résultat découle de la persévérance et comme le disait Jésus: «si vous avez besoin de pain à une heure tardive, allez chez votre voisin et ami en demander. S'il refuse, insistez car même s'il ne désire pas vous donner le pain, il se lèvera et vous le donnera pour pouvoir enfin se reposer en paix". Ces paroles nous indiquent la nécessité de persévérer dans notre demande jusqu'à ce que justice nous soit rendue! Dès le moment où nous aurons le sentiment d'avoir tout fait, il nous faut relâcher, et laisser faire le Père. Nous devons nous contenter de remercier et d'accepter le présent qui nous est tendu. De plus, il faut essayer d'oublier le problème de façon à lui couper sa source d'énergie.

Essayons maintenant de résumer tout ce qui a été dit pour permettre une meilleure compréhension et une meilleure mise en pratique de la prière scientifique.

Vous devez vous rappeler que pour changer une situation il faut non pas travailler sur elle mais travailler sur vous. La situation à traiter n'est que l'actualisation dans votre vie de votre manière de penser, que vous en soyez conscients ou non. Il faut affirmer sans violence (ni ressentiment), mais avec précision, que la Puissance Créatrice dans l'Univers vous apporte ce que vous désirez suivant le temps, la voie et la forme qui lui sont propres. Cette Puissance corrige tout ce qui ne va pas dans votre vie. Il est essentiel de ne pas essayer de formuler ou de dicter de quelle façon se manifesteront ces nouvelles conditions dans votre vie. L'attente ne doit pas se faire ni dans l'anxiété, ni dans la violence. Enfin, pour ne pas risquer d'être influencé par une autre personne, il faut éviter d'en parler.

Une discussion sur le sujet avec des personnes peu averties ne peut que semer le doute dans votre esprit. Lorsque vous aurez fait votre prière spirituelle, oubliez votre problème jusqu'au lendemain et surtout n'attendez pas chaque jour impatiemment le résultat. La paix et la confiance sont les seules deux bonnes conseillères.

La prière, à vrai dire, permet de changer le cours des choses. Elle est à la fois un art et une science où l'intuition et la connaissance de la loi permettent de réaliser des miracles. C'est à l'enseignement de la prière ou de la communication consciente avec Dieu que Jésus a consacré sa vie. Si les miracles de l'évangile se sont produits, c'est que Jésus possédait une compréhension spirituelle qui donnait à sa prière une force jusque-là inconnue. La prière spontanée, ou la pensée inspirée, est la forme la plus active et la plus efficace. Il est bon d'établir pour soi-même un plan pour les prières mais il faut à tout prix éviter les règles inflexibles. De plus, il nous faut renoncer complètement à tracer les plans pour solutionner notre problème, ne serait-ce même qu'une légère esquisse.

Votre activité dans la prière doit se limiter à avoir la tranquille et ferme certitude au sujet de la Vérité et de sa démonstration. Lorsque Jésus guérissait, il disait: «va et n'en parle à personne». De même devons-nous agir et garder secret ce qui se passe dans notre âme. Après la démonstration, il faut prendre le temps de réaliser pleinement ce qui nous arrive et permettre à la démonstration de se cristalliser totalement avant d'en informer les autres.

Que pourrait-on dire de plus sur la prière scientifique pour la rendre plus accessible à tout le monde? Jésus nous a laissé une prière qu'il a appelé le Notre Père. Cette prière est très certainement la plus connue, la plus récitée de toutes les prières et probablement la moins comprise. Il serait bon de dire quelques mots sur cette prière ainsi que de parler d'un psaume sublime: Psaume 23 de David—Le Seigneur est mon berger . . .

Notre Père

Notre Père qui est aux cieux.

Que ton nom soit sanctifié.

Que ton règne vienne.

Que ta volonté soit faite sur la terre comme au ciel.

Donnes-nous aujourd'hui notre pain quotidien.

Pardonne-nous nos offenses comme nous pardonnons

à ceux qui nous ont offensés.

Et ne nous induis pas en tentation; mais délivre-nous du mal.

Car c'est à toi qu'appartiennent, dans tous les siècles,

le règne, la puissance et la gloire.

Tous les chrétiens connaissent cette prière, cependant, bien peu en connaissent la véritable signification. Le Notre Père est la prière que nous a laissée Jésus pour que nous puissions facilement communiquer avec son Père, mais aussi le nôtre. Jésus savait bien que l'homme cherche toujours à rendre complexes ses relations avec son environnement. Il nous a donc donné une prière, composée de telle façon qu'elle pourrait se perpétuer à travers les âges sans subir de profondes modifications au gré du clergé ou des gouvernements. Cette prière contient tout ce qui nous est nécessaire pour accomplir une démonstration et ainsi réaliser un souhait.

Sa puissance lui vient du fait qu'elle est entièrement centrée sur Dieu. Elle établit, sous forme générale, notre relation avec le Père. Il est à noter que bien qu'elle soit un puissant instrument pour résoudre nos problèmes, il n'y a aucun endroit où nous pouvons glisser notre demande. Au premier abord cela peut paraître surprenant mais si l'on se fie aux paroles de Jésus à ce sujet: «trouvez Dieu dans votre vie (recherchez le Royaume des Cieux en vous) et tout vous sera donné par surcroît», il n'est pas surprenant de voir nos désirs se réaliser et nos problèmes s'estomper.

Sans vouloir reprendre le travail fait par certains auteurs avant moi, je crois qu'il serait souhaitable de nous arrêter quelque peu à la description du Notre Père. Nous nous contenterons d'expliquer brièvement les grandes lignes de cette merveilleuse prière qui je l'espère, deviendra pour vous ce qu'elle est pour moi: une amie, une confidente, une porte de sortie et un puissant moyen de vivre heureux.

Notre Père:

Tout au long de la prière, il est bien important de s'y reconnaître et de se sentir impliqué. Réciter le Notre Père à la façon d'un perroquet ne peut vous apporter grand-chose si ce n'est qu'à la longue vous serez charmés par sa chaleur et son amour. À chaque fois que vous la dite, vous augmentez le respect que vous avez pour elle et pour son action sur vous. Les mots "Notre Père" révèlent la Vérité sur l'Être. Malgré les apparences, l'Homme est Esprit et est en relation intime avec Dieu. Cette relation est celle d'un père à son enfant. Le père et l'enfant étant de même nature, l'Homme est donc de nature divine. Le mot "Notre Père" signifie également que tous les hommes sont frères, qu'ils sont tous membres d'une seule famille et d'un même corps. La plupart de nos peurs et de nos frayeurs disparaîtraient si nous comprenions que Dieu est un père aimant, un père vivant, qui ne veut que notre bonheur.

Qui est au Cieux:

Il est de la nature de Dieu d'être aux Cieux c'est-à-dire d'exprimer le règne de l'Être en Soi, et de la nature de l'homme d'être sur la terre, car Dieu est cause et l'homme est manifestation. La fonction de l'homme est de manifester ou d'exprimer Dieu sur Terre. Ainsi Dieu s'exprime par le truchement de l'homme, car la destinée de ce dernier est de manifester Dieu d'abord par son corps, puis par son environnement, bref par tout ce qu'il exprime. Le but de notre séjour sur terre étant de chercher à atteindre la ressemblance de Dieu, il nous faut, pour réussir, essayer de vivre Dieu dans notre vie.

Que ton nom soit sanctifié:

Plus nous nous persuadons que Dieu, notre Père, est responsable de nos difficultés, plus il nous est difficile de les vaincre. Lorsque nous disons "que ton nom soit sanctifié», nous disons que Dieu est essentiellement parfait et qu'il ne peut être l'auteur que de ce qui est essentiellement parfait. Un effet ne peut être de nature différente de celle de la cause qui le produit. En d'autres mots, cette phrase signifie que nous admettons qu'aucun de nos problèmes n'est de nature divine et qu'il nous faut par conséquent les éliminer. La meilleure façon de le faire c'est d'entretenir des idées positives, des idées divines et de rejeter tout ce qui semble contredire de telles pensées.

Que ton règne . . .; Que ta volonté . . . sur la terre comme au ciel:

Il est de notre devoir d'aider à faire connaître le royaume de Dieu sur terre, de manifester sur le plan terrestre des idées de Dieu. Notre tâche sur terre consiste à harmoniser, aussi rapidement que possible, notre nature avec la Volonté divine par une communion constante. Si nous pouvions découvrir le plan que Dieu a tracé pour nous et si nous l'exécutions, tous nos problèmes s'estomperaient et toutes les portes s'ouvriraient devant nous pour ne laisser entrer dans notre vie que le bonheur et la plénitude.

Donne-nous aujourd'hui notre pain quotidien:

Dans cette phrase, le pain quotidien signifie tout ce qui est nécessaire à l'Homme pour lui assurer une vie saine, libre et harmonieuse. Le pain exprime l'intime conviction que Dieu n'est pas seulement un nom, mais la grande Réalité, la Source unique de tous les biens. C'est la volonté de Dieu ou de la Puissance Créatrice que nous avancions rapidement sur le chemin qui mène à la perfection. Dans notre vie, cela signifie que par la réalisation d'une communion avec Dieu, nous prenons conscience de l'action de la Présence de Dieu dans notre vie et dans notre façon de vivre. Ceci n'est ni théorie, ni beau langage car la Puissance Universelle est "la substance des choses espérées, l'évidence des choses invisibles". Si nous plaçons notre foi en Dieu, en Notre Père, comment nos désirs ne pourraient-ils pas se réaliser. L'erreur la plus commune, dans le domaine de la communication avec Dieu, est de croire qu'admettre formellement l'existence de celui-ci ou encore qu'évoquer poétiquement les choses divines suffit à les posséder. Les personnes qui croient à ce principe oublient que notre contact avec Dieu doit être vivant et que notre vie spirituelle doit être active si l'on désire manifester le Père en tant que Présence dans notre vie. De plus, cette erreur explique facilement que l'on puisse prier durant une éternité sans être exaucé.

Nous devons apprendre à vivre de façon à recevoir la vie en abondance. L'art de la vie, c'est de vivre le moment présent et de rendre l'instant qui passe aussi parfait que possible. Le passé que nous avons côtoyé est riche en expériences mais fait partie des choses réalisées. Le futur, quant à lui, est à faire et la seule façon de le préparer c'est de vivre activement le présent. De toute façon, la vie en présence de Dieu nous fait vivre le moment présent comme expérience unique qui s'inspire de la sagesse du passé et prépare les rêves et le devenir du futur.

Pardonne nous . . . pardonnons à ceux qui nous ont offensé:

Comme le disait un jour un prédicateur: le pardon des offenses est le vestibule du Ciel. Pour accéder à la vie éternelle, nous devons nous défaire de tout blâme de la conduite d'autrui, et aussi de nos repentirs et de nos remords. Par cette phrase, Jésus nous instruit sur l'action de la Loi de cause à effet dans notre vie. En effet, pour échapper à une cause il nous faut pardonner, quel que soit le mal qui nous a été fait et quelles qu'effroyables que soient les souffrances que nous avons endurées. Absoudre les autres, les libérer, c'est se libérer soi-même car le ressentiment est une forme d'esclavage. C'est même la forme la plus statique car nous sommes nos propres bourreaux. Ruminer des actions du passé ou garder du ressentiment ne peut que nous être nuisible. Tôt au tard, le ressentiment entretenu nous frappera à la figure tel un boomerang que nous aurions lancé avec une force incroyable.

Ne nous induis . . . mais délivre-nous du mal:

Il arrive que certains d'entre vous, désireux d'avancer rapidement sur le sentier de l'évolution spirituelle, souhaitent avec témérité d'être soumis à toutes sortes d'épreuves et recherchent même des difficultés à vaincre.

Plus nous avançons dans la vie spirituelle, plus nos prières sont efficaces et plus elles se matérialisent rapidement sous forme d'expériences. Pour cette raison, nous devenons vulnérables à des tentations nouvelles qui sont souvent inconnues des novices. L'orgueil spirituel est, entre autre, une faute durement punie et une des plus belles tentations pour qui recherche la Vérité.

L'homme a souvent tendance à s'assoir sur ses lauriers et pouvoir se dire avec vanité qu'il a déjà beaucoup cheminé, et surtout de s'en contenter, est bien tentant. Pour celui qui a pris conscience des lois spirituelles, les fautes même ordinaires (les plus bénignes) sont sévèrement punies et de façon très subtile. Cette punition guette tous ceux qui savent que le Royaume des Cieux est en eux et qui malgré tout continuent à le rechercher à l'extérieur par toutes sortes de moyens. Car aussi longtemps qu'ils n'auront pas compris qu'ils possèdent tout en eux, ils ne pourront pas connaître le bonheur.

Amen (ainsi soit-il):

Ce terme, aussi curieux que cela puisse paraître, est souvent oublié ou négligé, notamment durant le service dominical. Ce mot signifie que nous avons pris conscience du lien qui nous unit à Dieu, Notre Père, et que nous l'acceptons dans notre vie. Nous disons aussi que la Loi de cause à effet doit jouer un rôle prépondérant dans les actes de notre vie. En effet, nous désirons être jugés par la même mesure dont nous nous servons pour juger les autres. Nous savons que cela est nécessaire pour maintenir l'ordre dans l'univers et nous l'acceptons. Par le mot AMEN, nous acceptons de respecter tout ce que nous venons de déclarer, et en même temps, nous nous assurons l'aide infinie de Dieu dans les moindres détails de notre vie à condition d'accepter sa Présence vivante pour compagne. Ainsi soit-il, tel est le désir le plus intime, le plus profond, le plus cher de notre cœur.

En récitant la prière qu'est le Notre Père, nous demandons à signer un pacte avec Dieu; en échange de son aide et du bonheur que cela nous procure, nous lui permettons de se manifester à travers nous et nous le reconnaissons à travers notre entourage.

Dieu est omniprésent et omniscient; il est tout et il est en tout. Il est la cause, le résultat et l'acte en soi. Lorsque Dieu s'exprime dans notre vie, il transforme la douleur en joie, la vieillesse en jeunesse et les ténèbres en lumière. Tout cela nous le comprenons et nous l'acceptons totalement dans notre vie.

Je suis sûr qu'à l'avenir vous ne réciterez plus le Notre Père de la même manière. Plus qu'une prière, le Notre Père vous permettra de retrouver la paix que seul Dieu peut vous procurer. En plus, cette prière, à la longue, deviendra comme un refuge où vous pourrez toujours vous retirer même au milieu d'une grande foule ou au cours d'une intense activité!

Psaume 23 de David

"L'Éternel est mon berger, je ne manquerai de rien. Il me fait reposer dans de verts pâturages, il me conduit près des eaux paisibles. Il restaure mon âme, il me conduit dans les sentiers de la justice à cause de son nom. Quand je marche dans la vallée de l'ombre de la mort, je ne crains aucun mal: car tu es avec moi; ta houlette et ton bâton me rassurent. Tu dresses devant moi une table, en face de mes adversaires; tu oins ma tête et ma coupe déborde. Oui, le bonheur et la grâce m'accompagnent tous les jours de ma vie; et j'habiterai dans la maison de l'Éternel jusqu'à la fin de mes jours."

Ce très beau psaume est aussi une prière scientifique d'une puissance exceptionnelle. Récitez-le en prenant le temps de comprendre l'implication de chaque phrase et vous réaliserez ainsi un vrai traitement spirituel. Reconnaissez que Dieu est votre guide. Tel un berger qui aime ses brebis, Dieu veille à ce que nous ne manquions de rien aussi longtemps que nous demeurerons en sa Présence. Cette conception de la Présence de Dieu nous permet enfin d'avoir foi en la générosité de la vie. En lisant bien attentivement ce psaume, vous verrez qu'il fait appel à toutes les notions que nous avons énoncées jusqu'ici: la foi en la réalisation, la pensée juste ou positive, les croyances fausses ou la mort spirituelle, la Loi de cause à effet (houlette et le bâton), les ennemis (nos fausses convictions, nos pensées négatives) et enfin le bonheur et la félicité bien au-delà de tout espoir (ma coupe déborde).

Le contenu de ce psaume a toujours tenu une place très importante dans ma vie depuis ma plus tendre enfance. Sa beauté n'a d'égale que son message de paix. Comment est-il possible d'avoir peur ou de manquer de quoi que ce soit? Dès les premiers versets nous sommes rassurés puisqu'il est notre berger et, qu'en bon berger, il s'assure que nous ne manquions de rien. Que peut-on dire ou demander de plus? Est-il possible de prier pour l'aviser de quoi que ce soit ou pour lui demander quoi que ce soit? N'est-ce pas futile après que nous réalisions que nous ne manquerons jamais de rien? Bien entendu plusieurs d'entre vous me diront que dans la «vrai vie» cela ne se passe pas comme ça et que les exemples sont légions. En fait cela fait partie du grand paradoxe humain. «A ceux qui ont l'on donnera encore plus, et à ceux qui n'ont pas on enlèvera même le peu qu'ils ont». Voilà bien le grand problème. Seuls ceux qui garderont leur pensée centrée sur Dieu, sur l'Infini Universel, pourrons bénéficier de l'amour de ce bon berger. Ceux qui sont déjà sur la Voie Infinie, ceux-là seuls pourrons réaliser tout le pouvoir de ce psaume dans leur vie quotidienne. Cela peut paraître facile à priori mais c'est tout le contraire puisque, malgré les apparences auxquelles nous avons à faire face au quotidien, nous devons demeurer inébranlables telle la maison bâtie sur le roc alors que tout dans notre éducation, qu'elle soit religieuse ou non, nous a préparé à réagir telle la maison bâtie sur le sable. Lorsque viennent les vents, et les orages, toutes nos belles convictions et toutes nos belles résolutions tendent bizarrement à disparaître pour laisser toute la place au doute, à la peur et au désespoir. Bien plus, tout notre entourage, tout notre environnement, nous encourage à douter de ce bon «berger». Il n'est donc pas facile de demeurer stoïque en toutes circonstances mais c'est nécessaire puisque «se soucier, douter . . .» ne pourra rien changer à la dite circonstance!

Comme vous venez de le voir ces deux prières (traitements spirituels) ne font appel qu'à une notion: celle de s'en remettre (pas faire une demande) à Dieu pour tous nos problèmes après avoir fait la paix dans notre âme. Pourquoi terminer ce chapitre avec ces deux prières me demanderez-vous? Eh bien la raison en est toute simple: en Dieu tout est possible et sans Lui tout n'est que chaos et problèmes. Nous pourrions vous indiquer mille façons de prier mais toutes ces façons se regroupent sous une même idée génératrice: la reconnaissance du but que nous recherchons tous intimement et qui est l'expression du Dieu vivant dans notre vie. Faute de connaître une méthode qui vous convienne particulièrement, vous pourrez toujours avoir recours à ces deux prières qui, le sait-on jamais, pourraient devenir votre planche de salut! En tout dernier recours rappelez-vous cet autre merveilleux passage de la Bible : «Si le Seigneur n'édifie la demeure, c'est en vain que peinent ceux qui la bâtissent».

Lorsque vous êtes énervés ou désemparés, rappelez-vous que Dieu continu à exister dans votre vie. Récitez calmement le Notre Père et ressentez l'énergie divine vous envahir. Quelle que soit la circonstance, vous n'êtes jamais seuls, que vous y croyiez ou non. Dieu est avec vous lorsque vous priez et lorsque vous ne priez pas. Le manque d'amour que vous avez quelques fois envers Lui est grandement compensé par l'amour infini qu'il a pour vous. Rappelez-vous que nous sommes tous frères, que nous avons le même Père et que nous recherchons le même but qui est celui de connaître la Vérité.

Pour résoudre vos difficultés, ou mieux, pour ne pas en avoir, vous devez essayer de vivre Dieu dans votre vie et ce, tout au long de votre existence. Reconnaissez dès maintenant sa Présence en vous et dans tout ce qui vous entoure. Faites la paix avec vous-mêmes, arrêtez-vous et Sachez que votre Père est Dieu et qu'il vous aime.

Où que vous alliez, où que vous soyez, Dieu est avec vous et rien de mal ne peut vous arriver. Abandonnez les apparences, arrêtez de juger et exprimez la gloire de l'Éternel. Du plus profond de votre désespoir ou de votre joie, prononcez le mot Dieu en réalisant pleinement sa signification et vous ne serez plus jamais le même, tout comme votre vie et votre entourage d'ailleurs. L'heure du salut est à l'instant même. Pourquoi ne pas accepter dès maintenant d'être heureux?

Dieu est là. Trouvez-le en vous et tout vous sera donné par surcroît; car celui qui perdra sa vie au nom du Seigneur la sauvera à jamais!

Chapitre 6

LA RÉCOMPENSE—LA VIE

OUT AU LONG DE CETTE LECTURE NOUS AVONS PARLÉ DE VIE spirituelle et d'évolution spirituelle. Il serait peut-être bon de s'arrêter un instant et de se demander pourquoi nous recherchons avidement la Vérité. Qu'est-ce qui nous pousse à agir et comment y répondons-nous? Une chose est certaine: le fait d'avoir ouvert ce livre indique bien que vous aussi cherchez à vivre une vie mieux remplie et à laquelle vous avez donné un sens, une orientation, un but. Sans le savoir, vous avez pris la décision de diriger votre vie tout entière. Au plus profond de vous-mêmes vous savez que vous recherchez le bonheur et l'harmonie.

Vous vous êtes sans doute déjà posé la question suivante: «le bonheur est-ce aussi pour moi?» Quoi de plus naturel pour un esprit sain que de vouloir assurer, à tout son être, une vie merveilleuse et comblée. Accepter de poser la question c'est admettre que vous n'êtes pas nécessairement obligés de vous soumettre aux problèmes de la vie. Le "bonheur" est un mot que nous prononçons souvent mais dont nous ne connaissons pas toujours la portée. À un moment précis dans notre vie nous avons tous notre définition du bonheur. Celle-ci est normalement influencée par les besoins du moment mais au fond de notre cœur, nous percevons une toute autre définition. Pour de nombreuses raisons, nous parlons rarement de ce secret de notre cœur.

Ma définition du bonheur est relativement simple: c'est un état d'esprit. Cet état d'esprit s'acquiert à la longue par la force de l'habitude. Tout comme certaines personnes s'apitoient sur leur sort et prennent l'habitude d'être malheureuses, de même certaines autres choisissent d'être heureuses. Comment est-ce possible me demanderez-vous? Peut-on vraiment chercher à être malheureux?

Posons-nous la question suivante: qu'est-ce qui fait que certains évènements ont des influences heureuses dans notre vie et d'autres non? Encore là, la réponse est bien simple. L'impact des évènements sur notre moral n'est que celui que nous voulons bien leur accorder. Regardez un enfant lorsqu'il pleure, sa peine ne dure que jusqu'au moment où il décide de l'oublier.

Dès lors tout est fini, oublié. Dans notre vie d'adultes, nous revivons nos peines comme lorsque nous étions enfant mais parce que nous sommes maintenant "responsables", il n'est plus question de laisser-aller la faute ou la peine. Elle doit nous marquer pour la vie! Au fond de nous-mêmes, est-ce bien ce que nous voulons? Qu'est-ce qui nous fait le plus mal: la plaie, faite par les autres, qui cherche à se cicatriser ou notre attitude après l'acte qui empêche justement la cicatrisation de se faire?

Vous voyez bien que le mal n'a, sur nous, que l'emprise que nous acceptons de lui permettre. Pour vivre non pas le bonheur d'un jour mais celui d'une vie nous devons faire en sorte que notre état d'esprit soit tel que seules les pensées positives le nourrissent. Tout ce qui pourrait, d'une façon ou d'une autre, promouvoir le contraire se devra d'être radicalement écarté.

De nos jours, à cause des divers conflits qui éclatent à tous les niveaux sociaux, les gens ont tendance à refuser de croire en la promesse de la vie, de la prospérité et du bonheur. Ils refusent de croire à ces possibilités parce qu'à un moment de leur vie ils n'ont pas été exaucés. Est-ce une bonne raison pour refuser les cadeaux que nous réserve notre père? Pourquoi ne pas essayer à nouveau, essayer jusqu'à l'instant de la réussite? Qu'avons-nous à perdre dans cette expérience? Vous voyez bien qu'il n'y a aucune raison de dire: «tout cela c'est trop beau pour être vrai». Rappelez-vous que derrière les nuages se tient le soleil. Sa brillance n'a pas diminuée, seul son effet sur nous est changé. Nous savons tous par expérience que le soleil réapparaîtra dès que les nuages seront passés. Il faut lui allouer du temps.

Mais il y a encore une chose que nous savons au sujet du soleil et des nuages: le vent pousse les nuages et permet au soleil d'apparaître plus vite. Il nous faut de même, par la pensée, servir de "vent" à nos expériences et faire en sorte que leur côté pénible s'estompe aussi rapidement que possible. Seule la pensée positive peut créer, chez nous, une telle situation. Dès maintenant, lorsque vous regardez votre vie ou le ciel, faites attention de ne pas fixer votre regard sur les nuages de peur de manquer la beauté du Ciel. La vie n'appelle que la vie et ne donne que d'elle-même. Malgré tout ce que l'on peut en dire, elle vaut la peine d'être vécue et bien vécue.

Regardez autour de vous et voyez les personnes qui se plaignent le plus, qui critiquent le plus la vie. Dans la majorité des cas ces mêmes personnes n'ont aucune raison de se comporter ainsi. Elles le font parce qu'elles n'ont souvent pas connu le fond de l'abîme. Une chose est certaine: de la façon dont elles se comportent, elles finiront par l'atteindre. Aussi curieux que cela puisse paraître, il semblerait que pour la majorité des gens, il faille avoir des problèmes et même risquer d'y perdre la vie pour en apprécier la beauté. Jean Ferrât a écrit une chanson merveilleuse à ce sujet: «c'est beau la vie». Écoutez-la bien et placez-vous dans la situation suivante: vous avez dû subir une intervention chirurgicale extrêmement grave; les chances de vous en sortir sont très faibles. Malgré vous, vous ne pouvez vous résigner à un tel abandon. L'anesthésie et le grand vide! Comment regardez-vous le monde extérieur? Bien sûr que tout est beau, que tout est agréable car vous êtes vivants et tout ce que vous croyiez perdu à jamais vous est redonné. Comme un "enfant" tout vous émerveille et vous cherchez à jouir de tous les instants. Vous revenez de loin car bien que vous soyez passés à deux doigts de la mort physique, votre vie spirituelle, elle, était enterrée depuis beaucoup de temps.

Un jour j'étais invité à un mariage et par habitude j'analysais les caractères des autres invités. Il y avait des gens calmes et posés, des personnes colériques, des personnes qui cherchaient à se tromper elles-mêmes dans la boisson, des fanfarons, mais il y avait aussi un homme et son épouse. Tous les deux étaient des handicapés physiques. Ces personnes que l'on pourrait, à première vue, voir comme maussades et renfermées avaient sans nul doute les plus beaux caractères d'entre tous. Elles se sont amusées toute la soirée et ont fait rire bien des gens. Elles apportaient le Don de la Vie à cette soirée. Elles étaient elles-mêmes avec leurs problèmes quotidiens et leur déficience physique. Elles en étaient conscientes et vivaient au-delà de ces banalités. Les apparences, pour elles, n'ont que bien peu de valeur car elles n'en sont plus là depuis longtemps. Posons-nous la question à savoir si chez-nous l'handicap n'est pas plutôt mental? Sommes-nous nous-mêmes ou vivons-nous pour et par les autres? Nous avons un corps en bien meilleure santé que le leur et nous le détestons. Pensons-y bien; aimerions-nous mieux être comme eux? Je vous le dis sincèrement: ces gens ont accès à une vérité que bien peu d'entre nous perçoivent même de loin.

Tout ceci nous amène à discuter d'une question chère aux matérialistes. Quelles notions avons-nous du réel et comment le voyons-nous ce réel, cette réalité? L'abordons-nous d'une façon positive et avec une confiance certaine ou encore d'une façon négative et pleine de crainte et de doutes. Lorsque nous participons à une expérience, quel degré de conscience ou niveau de conscience avons-nous à ce moment précis? Ne répétons-nous pas trop souvent: je ne sais pas ce qui m'arrive! La plupart du temps, nous subissons des situations parce que justement nous prenons beaucoup trop de choses pour acquis. L'expérience non vérifiée nous ramène souvent brutalement à la réalité. Que nous montions les escaliers, que nous mangions ou encore que nous conduisions notre voiture: il existe une foule d'évènements dont nous ne prenons pas conscience. Je dirais même que souvent nous faisons tout en notre pouvoir pour ne pas en être conscients.

Avez-vous déjà analysé votre façon de traverser l'existence? Vous faites, sans doute comme bon nombre d'entre nous, d'innombrables choses de façon tout à fait machinale. La plupart des gens tentent ainsi d'échapper à leurs responsabilités.

Lorsqu'un accident survient, nous sommes à coup sûr surpris car une partie des données nous manque. Nous étions "ailleurs" au moment de l'incident. En d'autres termes, nous refusons d'avouer que dans bien des cas, nous aurions peut-être pu éviter le problème en étant plus présent, plus conscient. Nous sommes à peine capables de nous rappeler ce qui s'est passé au début de notre journée ou encore des activités diverses par lesquelles nous sommes passés. Lorsque

Jésus parlait d'avoir la vie en abondance, il ne visait pas nécessairement le nombre d'expériences. À quoi servirait-il d'avoir de la nourriture pour cent personnes si vous êtes seul ou que vous n'avez pas faim. En d'autres mots, peu importe la qualité d'expériences que vous obtenez dans votre vie, votre façon de les emmagasiner est la seule qui compte pour votre évolution, pour votre compréhension. Chaque expérience est unique et vous apporte une information particulière. Ne faites pas comme celui qui mange un peu de tout sans rien choisir. Prenez le temps de déguster et laisser le goût vous pénétrer. Rappelez-vous le nombre d'aliments que vous détestiez et qu'à la longue vous avez appris à aimer. De même, vous devez déguster une expérience mais aussi vous devez chercher à la consommer totalement.

Si vous désirez prendre les rênes de votre existence, il vous faut vivre plus pleinement, donc plus consciemment. Percevoir la vie de cette façon c'est renaître à la Vie. Vous devez écouter votre corps plus souvent, plus attentivement. Il peut vous informer et vous apprendre une foule de choses au sujet du chemin à suivre pour l'apprentissage de l'évolution. Tout comme le fait notre corps, notre environnement et nos attitudes mentales peuvent nous procurer toute la matière nécessaire à notre évolution. Dans notre recherche, il ne faudrait surtout pas oublier de prendre exemple sur notre amie la nature et nos cousins les animaux. Aussi bien dans le cas de la nature que chez la plupart des animaux, la vie bat au rythme de l'horloge universelle, de l'horloge divine. Tout se fait à son heure parce que tous les atouts mis à la disposition de ces entités sont utilisés à leur pleine valeur.

Pour bien vivre sa vie, il faut prendre l'habitude de se remettre en question, de se déprogrammer. Il ne s'agit nullement de s'en remettre à un système rempli d'automatismes mais bien de prendre en main tout ce qui touche à notre existence. Il faut être conscient de tout. Pour cela, il faut être attentif et apprendre à enregistrer et sentir les vibrations qui nous enveloppent. Pour améliorer notre façon de penser, il faut faire un meilleur usage de notre fidèle amie qu'est la mémoire. Les erreurs d'interprétation des évènements sont les nôtres, pas les siennes. Plus nous serons conscients, plus notre mémoire nous fournira des éléments d'association susceptibles de nous aider à construire une nouvelle forme de penser. Notre pensée ne s'appuyant que sur des bases réelles, le résultat ne peut être que positif. Convaincue de la beauté inhérente à l'existence, à la vie, notre pensée n'est plus occupée par des éléments comme le doute ou la peur. Elle est enfin libre d'opérer des changements extraordinaires dans notre vie. Garder un esprit calme, posé et serein, de même que prendre le temps de vivre notre existence et non pas exister pour vivre, est la règle à suivre pour vivre heureux.

Souvenez-vous qu'à chaque jour suffit sa peine et que tout travail mental en prévision de demain peut ne servir à rien.

Combien de personnes élaborent de grands projets qu'elles ne finiront jamais pour de multiples raisons. Ce que vous faites, faites-le bien et avec amour car tout travail est vain si en toutes choses que vous façonnez vous ne mettez pas un souffle de votre propre esprit.

Il est bien et parfois même nécessaire de vous soucier pour demain mais il ne faut cependant pas trop hypothéquer la journée ou le moment présent. Vivre le moment présent c'est vivre pleinement aujourd'hui en ayant la douce certitude d'un lendemain rempli de joies. Seul l'instant présent compte car tout le reste en dépendra. Regardez, comme disait Jésus, la nature et les oiseaux. Aucun être sur terre n'est si bien habillé qu'eux; pourtant ils ne se préoccupent pas toute la journée afin de déterminer ce qu'ils mettront pour telle ou telle occasion. Vivez dans la certitude que vous serez vraiment vous-même en toute occasion et vous serez sûrement à votre meilleur lors de la prochaine sortie. La vie a bien plus besoin de votre énergie que toutes les occasions réunies. Soyez vous-mêmes et votre image irradiera votre beauté intérieure. Vous ferez alors partie du groupe de ceux dont on dit: «cette personne a quelque chose de spécial qui la rend extrêmement agréable. Il fait bon d'être en sa compagnie!»

Quelques fois, vous entendez dire que vous devez vous détacher des richesses matérielles afin de vivre votre vie spirituelle. Bien que cette déclaration soit véridique, elle est souvent mal interprétée. Se détacher des richesses ne signifie nullement de vivre en état de pauvreté. Bien au contraire, cela signifie d'être possiblement comblé de biens matériels mais de ne pas vivre pour eux.

Tout au contraire, ces biens doivent nous servir et non l'inverse. Vous savez tous que Jésus nous a promis la vie en abondance. Comment pourrait-on l'avoir dans la pauvreté?

Tout comme le bonheur, la pauvreté et l'insuccès sont des états d'esprit, c'est-à-dire que nous acceptons consciemment de ne pas nous rebeller et de tout vouloir changer car le résultat serait bien maigre. Le véritable changement doit venir de nous et non pas de l'extérieur. Entretenir des pensées négatives ou accepter les commérages comme façon d'être, c'est s'exposer à voir apparaître dans notre vie des situations discordantes, des évènements qui brisent l'harmonie et la paix intérieure. Il ne faut pas juger.

Pourquoi ne pas choisir d'être heureux, pas demain, mais dès aujourd'hui, dès maintenant. Le soleil brille dans le ciel pour tout le monde et particulièrement pour vous. Habituez-vous à être conscient des moindres détails de votre vie, cela évitera de vous inquiéter inutilement car lorsque chaque chose est à sa place (celle qui lui convient), il n'est pas besoin de se tracasser pour elle. Rappelez-vous qu'être expéditif sans raison ou que de remettre sans cesse les choses à faire, n'arrange que momentanément le problème mais ne le guérit pas. En prendre soin sur le moment permet d'éviter bien des tourments.

Je pourrais, encore longuement, vous faire un exposé sur la façon de vivre ou de se comporter dans la vie. Tout au plus réussirais-je à réécrire en d'autres mots le livre que vous terminez en ce moment. Quoi de plus simple pour résumer ce qui précède si ce n'est de dire que:

1) Tout nous est donné, à nous d'y croire et de faire en sorte de le mériter.
2) Préparons le terrain et laissons Dieu, Notre Père, s'occuper de tous les détails sans exception.
3) Vivons la Loi par le biais de la propagation de L'AMOUR DIVIN.

Vous vous posez sûrement la question à savoir comment il se fait qu'un livre comme celui-ci ne parle pas de ce qui préoccupe l'humanité, c'est-à-dire le phénomène de la mort? La réponse est encore et toujours très simple: la mort n'est que le début de la vie, d'une autre vie peu différente en essence de celle que nous vivons actuellement.

La mort fait partie intégrante de la vie; c'est en quelque sorte le repos que s'accorde la vie entre deux périodes tumultueuses comme par exemple la vie sur Terre. Dans ce livre, il n'est nullement question de parler de réincarnation car tel n'est pas son but. Comme le bébé apprend à vivre sa nouvelle vie, ainsi devons-nous apprendre à connaître les pouvoirs de la pensée et ses capacités de Créativité. Donc, sans parler ici de réincarnation, il serait quand même souhaitable d'aborder brièvement le phénomène appelé: la mort. De plus, nous nous efforcerons de répondre à la question: pourquoi meurt-on et quand cela arrive-t-il?

Posons-nous d'abord la question suivante: est-ce possible d'avoir la vie éternelle sur la Terre? Selon nos croyances religieuses, la réponse sera oui ou non. De toute façon, nous avons tous un jour rêvé de la fontaine de jouvence, de la vie éternelle sur Terre. Quel délice que de pouvoir demeurer jeune tout le temps que dure notre séjour sur Terre! Et pourquoi pas? Chose absurde, me direz-vous. Tout le monde vieillit physiquement! Nous voilà encore dans de grandes déclarations provenant d'un fait acquis au cours de notre éducation. Pourtant, tout autour de nous démontre le contraire. Qu'est-ce qui fait qu'une personne dans la soixantaine paraisse avoir à peine quarante ans? Cette personne est-elle si différente des autres ou de vous-mêmes? Non, elle a seulement su adapter son mode de vie à sa nature fondamentale. C'est tout!

Ces personnes ont, pour la plupart d'entre elles, toujours recherché l'harmonie et la paix. Cette recherche se manifeste chez elles, dans leur vie, sous la forme d'une jeunesse physique. Nous pouvons tous faire de même à condition de vouloir vivre spirituellement.

Cette vie spirituelle n'est pas dénuée de plaisirs ou de joies intenses, elle est tout simplement dénuée d'excès fatidiques. La vie spirituelle ne tolère aucun excès, ni physique ni mental. L'harmonie doit toujours régner pour que l'expression du Dieu vivant soit réelle en nous. Jésus n'a-t-il pas dit qu'il était vain de vouloir faire autre chose que le plan de vie que Dieu a tracé pour nous. Y a-t-il parmi vous quelqu'un qui par sa seule force a pu augmenter la durée de sa vie? Ceux qui sont ou seraient tentés de dire OUI, car ils sont revenus de très loin, devraient se rappeler qu'au fond du gouffre ils ont découvert Dieu et que cette découverte leur a permis d'en sortir.

Si je vous demande: qu'allez-vous faire dans une semaine? Certains d'entre vous diront: je ferai ceci ou je serai à tel endroit si Dieu le veut! En bien Dieu le veut mais vous, le voulez-vous? Croyez-vous en ce que vous venez de dire ou vivez-vous avec l'appréhension du lendemain?

Sachez que nous choisissons nous-mêmes l'heure de notre mort! Notre façon de penser nous conduit là où nous devons être à un moment bien précis. Pourquoi alors meurt-on, me demanderez-vous à nouveau? En général, je crois qu'il n'y a que deux raisons: par ignorance et lorsque tout travail utile a été réalisé. Ce sont bien entendu deux raisons complètement opposées qui reflètent notre comportement au cours de notre vie. Pour ce qui est de la première raison, les gens qui en font partie sont en général ceux qui ont toujours été plus préoccupés par les biens de la terre que par ceux de la vie spirituelle. Quant à la seconde raison, elle s'applique surtout aux personnes qui ayant complété une bonne partie de leur cheminement spirituel décident d'y mettre un terme afin de se reposer, pour ensuite continuer leur marche vers la Maison du Père ou le Royaume des Cieux.

De façon générale, nous pouvons dire que le fait de ne pas prendre pleinement conscience de nos possibilités de Vie nous amène à retenir le phénomène de la mort comme une alternative valable au vieillissement. Vous avez sans doute entendu dire autour de vous: «je ne veux pas vieillir; j'aimerais mieux mourir». Malheureusement pour elles, ces personnes obtiennent généralement une réponse positive à leur pensée; comme toute pensée est créative, la Loi s'empresse de répondre à leur demande.

Notre séjour sur la Terre doit nous permettre d'évoluer dans le but d'acquérir la ressemblance de Dieu. Lorsque par mégarde ou par inconscience nous nous éloignons de ce but, il nous faut alors revenir sur Terre pour apprendre notre leçon. Dans ce cas, la mort constitue une étape nécessaire dans notre évolution. Lorsqu'une personne meurt, elle ne le fait pas volontairement ou du moins pas selon la définition que nous donnons généralement à ce mot. Par ignorance surtout, les gens se laissent aller et ne se cramponnent plus à la vie. Pourquoi d'ailleurs le feraient-ils puisqu'ils attendent ce moment avec anxiété depuis leur naissance! Pour ces gens, la vie n'aura été tout au plus qu'un long chemin vers la mort. Au lieu de vivre leur vie, ces personnes ont décidé de vivre leur mort.

Par contre, il se peut que l'on décide que le moment est venu de quitter notre corps. Cela peut provenir de diverses raisons comme par exemple lorsque nous avons l'impression d'avoir accompli la tâche pour laquelle nous nous étions incarnés. De toute façon, nous pouvons dire que le moment idéal pour changer de Vie est celui qui se présente à nous lorsque nous avons la satisfaction d'avoir vécu une vie bien remplie.

Notre corps, tout comme la nature, se régénère à tous les jours, à toutes les secondes. Il est de notre devoir de veiller à ce que toutes nos cellules soient irradiées par des pensées positives, par des pensées créatrices d'inspiration divine.

Une cellule qui reçoit des messages de vie ne peut préparer ni la vieillesse, ni la mort. Prenez la résolution de méditer, le soir en vous couchant, sur le fait que tout votre corps se régénère et se fortifie. De même le matin, exprimez l'idée que vous habitez un corps jeune, sain et remis à neuf.

Pensez à tout cela mais aussi à tout ce que vous venez de lire au cours de votre voyage intérieur par le biais de ce livre. Pensez-y et vivez-le car vous ne serez plus jamais le ou la même. Vous êtes maintenant face à face avec votre Père et pour vous comme pour moi: TOUT EST POSSIBLE, IL SUFFIT D'Y CROIRE.

Comme disait Khalil Gibran dans son livre le Prophète: «Vous mesurer à votre plus petit geste, c'est estimer la puissance de l'océan à la fragilité de son écume!»

Rayez à tout jamais le mot impossible de votre vocabulaire et accrochez-vous aux voiles de la Vie. Remplissez vos poumons d'air divin et voyez comme votre navire vogue allègrement, vite et loin. Pensez et vivez spirituellement. Ayez la vie en abondance et soyez HEUREUX car vous le méritez et vous y avez droit!

—Ainsi soit-il—

POST-FACE:

DE L'HYPNOSE À LA RÉALITÉ

LES ANNÉES ONT PASSÉ, LE MONDE A CHANGÉ, LA TECHNOLOGIE, pour le meilleur et pour le pire, a pris énormément de place dans notre vie, dans notre univers. L'éphémérisme règne tant sur le matériel que sur les relations sociales. Les inégalités sociales se sont accrues et l'exagération sous toutes ses formes a fini par nous rattraper. Contrairement à ce que l'on aurait pu espérer, le matérialisme s'est développé comme une trainée de poudre. Nous n'avons jamais eu tant de babioles à notre disposition et pourtant il nous manque toujours quelque chose. Nous n'avons jamais eu autant de moyens de communiquer et pourtant nous nous sentons de plus en plus seuls. Même plus, nous faisons de grands efforts pour éviter d'être seuls avec nos pensées. Puisque nous n'arrivons pas à être heureux maintenant, alors nous effectuons une fuite en avant ou simplement nous nous installons confortablement dans le déni d'une situation, d'une réalité, que nous ne pouvons tolérer ni accepter.

Les années ont passé, le monde a changé mais nous . . . nous avons bien peu changé. Pourtant il n'en tient qu'à nous de tout transformer, de tout changer. Depuis notre enfance on nous a martelé qu'il fallait savoir ce que l'on voulait, qu'il fallait contrôler notre vie, qu'il fallait avoir de la vision . . . Toujours nous avons pris pour acquis que nous savions, mieux que quiconque, ce que nous voulions, et pire, ce qui est bien pour nous. Les poètes nous ont toujours mis en garde en nous rappelant de «faire attention à ce pourquoi nous prions car nous pourrions finir pas l'obtenir!». Eh oui, que nous le voulions ou non, peu d'entre nous peuvent se vanter de vraiment connaître ce qui est bon pour nous.

Les années ont passé, le monde a changé et . . . . les problèmes, sous de nouvelles formes, sont toujours les mêmes. Nous n'arrivons pas à faire confiance à nos amis ou nos voisins, mais c'est encore plus vrai avec ceux et celles qui nous entourent. Pourtant «la vie appelle à la Vie», comme le mentionnait si bien Khalil Gibran, dans la mesure où nous acceptons de laisser-aller cette vie avec ses limites, ses barrières, ses préjugés . . . pour embrasser ce nouveau mode de vie qui veut que la Vie s'occupe de la vie . . . dans les moindres détails, dans les circonstances les plus simples, si seulement nous arrêtons de tout planifier ou contrôler.

Cette proposition semble de facture plaisante mais si nous savons difficilement laisser-aller nous savons encore moins à qui ou à quoi nous en remettre. C'est ici que l'enseignement de vie, comme celui de Jésus ou de tout autre sage universel, doit nous interpeler. Aujourd'hui, plus que jamais, nous avons besoin de guides, de garde-fous, dans notre vie, dans notre quotidien. L'Aventure Spirituelle c'est essentiellement de contrôler la qualité de la pensée afin de laisser l'Infini Universel s'exprimer en tant que nous.

Mais qu'est-ce que l'Infini Universel? Je ne puis le nommer et encore moins l'expliquer mais c'est la substance qui baigne tout l'Univers, c'est la substance qui nous définit, nous unit, nous rapproche. Certains l'appellent Dieu, d'autres Yahvé. Pour d'autres encore ce sera Bouddha ou Mahomet. Dans tous les cas, c'est une Conscience qui nous transcende. Faire confiance, pleinement confiance, à cet Infini aussi bon qu'Éternel ou Omniprésent, n'est pas chose facile car les «choses» de notre vie se déroulent rarement selon nos espérances et encore moins selon nos croyances.

Le message de Jésus tient essentiellement en quelques lignes qui nous assurent que l'Amour inconditionnel de cet Infini, qu'il appelait le «Père», nous permet de vivre chaque instant comme si c'était le dernier, qu'il nous permet de vivre sans se soucier du lendemain car chaque instant s'occupe de lui-même et qu'il nous permet de vivre «par surcroît». Arrêter de se soucier pour ce que l'on va manger, où l'on va dormir ou pour ce que nous allons revêtir . . . voilà la prescription d'une vie où la spiritualité est une réalité vivante. Ce n'est cependant pas une vie oisive ou dénuée de toute responsabilité. Ce n'est pas non plus l'idée de vivre pleinement (profiter de la vie) aujourd'hui car on ne sait pas de quoi demain sera fait.

Vivre spirituellement sa vie c'est travailler, c'est interagir, c'est acheter ou vendre . . . sans se soucier de ce que sera fait demain car celui-ci prendra soin de lui-même si nous le libérons. Planifier c'est bien mais savoir s'accommoder du changement que nous offre sans cesse la vie c'est mieux car dans notre démarche spirituelle nous reconnaissons que «rien n'arrive pour rien» même si nous ne connaissons pas les raisons du changement et connaissons encore moins ses ramifications.

Faire confiance à la vie c'est avant tout «se prendre en mains» sans se soucier outre mesure, c'est aimer notre prochain comme nous-même, c'est mettre en pratique dans le quotidien les prescriptions du «Sermon sur la Montagne». Vivre c'est vivre spirituellement!

Vivre spirituellement c'est accepter, tel l'oignon, de perdre graduellement toutes les couches, toutes les pelures, jusqu'à qu'il ne reste que l'essentiel, qu'il ne reste plus rien que l'Infini Universel dans lequel nous devrons un jour ou l'autre nous réaliser pleinement. Nous vivons dans un univers hypnotique dont il faut nous éveiller. Nous n'avons rien à changer mais nous devons nous éveiller, nous éveiller à l'Invisible qui nous entoure, qui nous aime, qui est ce que nous sommes vraiment et qui vit notre vie si nous le Lui permettons. A nous de décider comment se passera notre vie. A nous de décider avec quel aisance nous participerons au jeu de la vie.

Les années ont passé, le monde a changé . . . et il n'en tient qu'à nous de changer, de nous adapter, de participer à cette Conscience Universelle qui s'exprime en tant que nous, d'écouter cette «Petite Voix» qui s'exprime dans le silence de notre propre conscience, cette «Petite Voix» qui nous guide, qui nous tient la main, qui aplanit le sentier qui mène à ce que nous sommes vraiment soit un être profondément spirituel en constante recherche de notre véritable identité et destiné.

BONNE AVENTURE SPIRUTELLE ET BON VOYAGE!

POST-SCRIPTUM

CE LIVRE NE SERAIT PAS COMPLET SANS LES REMERCIEMENTS d'usage à tous les êtres qui ont croisé mon chemin jusqu'à maintenant. Sans eux nulle réflexion ou apprentissage n'aurait été possible. Je remercie tout d'abord les quelques amis que je côtoie sur une base régulière et qui sont les grands responsables de l'édition de ce livre. Je remercie également, mais à titre posthume, les très nombreux amis et maîtres à penser qui m'accompagnent depuis mes premiers pas dans la recherche spirituelle. Il y a bien entendu mon épouse Ginette qui a su patiemment «tolérer» les nombreuses heures que je dévouais à mon Aventure Spirituelle car elle comprenait que celle-ci me tenait vraiment à cœur. Elle a su me ramener «à cette réalité humaine» qui manque si souvent à tant de chercheurs de la Vérité car, s'il n'y a aucun mérite à vaincre sans opposition, c'est seulement dans la vie quotidienne en société que nous pouvons, et devons, mettre en pratique les notions de vie spirituelle. Il y a également tous les véritables chercheurs scientifiques qui n'ont pas hésité à remettre en question les dogmes de tous temps afin d'approfondir les connaissances humaines du monde qui nous entoure. Les remerciements ne seraient pas complets sans parler de tous les philosophes et des mystiques qui ont osé aller au-delà de la forme, du visible, pour nous montrer la Voie à suivre pour connaître notre véritable nature. Parmi ceux-ci il y a bien sûr Emmet Fox mais, dans ma recherche personnelle, il y a surtout Joël S. Goldsmith—The Infinite Way—(et Lorraine Sinkler qui a dévoué une bonne partie de sa vie à mettre sur papier le message de Joël et que j'ai eu le plaisir de rencontrer quelques années avant sa transition). Durant de nombreuses années, j'ai cherché un enseignement, des écrits, «qui me colleraient à la peau» et qui verbaliseraient ce que je vivais intérieurement mais que je n'arrivais pas à exprimer. Cette recherche s'est terminée le jour où un ami m'a fait lire un tout petit livre de Joël intitulé «La Pratique de la Présence Divine» en me disant que ce que Joël disait ressemblait curieusement à ce que je disais dans mes conférences. Enfin j'avais trouvé mon maître à penser spirituellement ou, comme le disait Joël, «quand le disciple est prêt le maître apparaît».

Au cours des années de recherche personnelle j'ai trouvé certaines écrits qui m'ont permis de cristalliser, dans ma pensée, les enseignements des sages d'hier et d'aujourd'hui. J'en joins quelques-uns dans la section «Notes personnelles» et je vous suggère d'y ajouter les vôtres au gré de votre cheminement vers la connaissance de ce que vous êtes vraiment.

NOTES PERSONNELLES

1. Le hasard n'existe pas. Nous sommes simplement incapables de relier tous les évènements pouvant nous permettre de comprendre le «Grand Plan Universel».

2. Nous savons ce que nous aimerions avoir mais, malgré la croyance populaire, nous ne savons pas ce qui est «bon» pour nous ou ce dont nous avons «besoin».

3. Dieu ne joue pas aux dés (Albert Einstein)

4. Je veux connaître les pensées de Dieu, le reste n'est que détails (Albert Einstein)

5. Si le Seigneur n'édifie la demeure, c'est en vain que peinent ceux qui la bâtissent.

6. N'aie pas peur, Je suis là.

7. Celui qui me voit, voit Celui qui m'envoie.

8. De moi-même je ne puis rien faire, c'est le Christ qui fait les œuvres.

9. Car il n'existe qu'un seul idéal, c'est de faire de l'Énergie Créatrice de l'Univers notre idéal; et de faire de votre corps, de votre mental, de votre âme, une force active au service de cette Énergie et de votre prochain (Gina Carminera)

10. L'Esprit en moi me vivifie. Il accomplit tout ce qu'il me donne à faire. En Lui rien ne manque. Il guide mes pas. Il m'éclaire sur les décisions. Il vit ma vie.

11. Il n'y a rien à changer, il faut vous éveiller (Joël S. Goldsmith)

12. L'angle avec lequel «on observe» une situation lui procure la réalité que «l'on perçoit» (Fred Allan Wolf)

13. C'est comme ça que les «choses» sont et c'est comme ça qu'elles doivent être.

Notes personnelles

Notes personnelles

J'espère que vous avez aimé ce livre et qu'il a pu vous aider à entrevoir la vie autrement et surtout à vous donner confiance en la Vie. Pour tous commentaires ou questions vous pouvez me rejoindre à l'adresse courriel suivante : <u>trigo@videotron.ca</u>